大展好書 好書大展

大展好書 好書大展

率領「美國佛教宏法中心」居士們拜訪洛杉磯的西來寺

1994年４月作者在台北宏法

心靈雅集
54

須彌山與極樂世界

定方晟／著
劉欣如／譯

大展出版社有限公司
DAH-JAAN PUBLISHING CO., LTD.

前言

雖然，佛教的經典或法語相當多，但也終究歸於兩類思想——輪迴與解脫。如果談到以往許多佛教的解說書籍，大體上都是有關解脫方面。至於從哪裡解脫呢？卻說不清楚，甚至根本沒說，這樣一來，長篇大論的解脫內容終究陷於偏頗，有失平衡。事實上，解脫是先有輪迴才有解脫。倘若對輪迴缺乏實感，便不會覺得解脫有什麼必要了。

一般來說，大家都習慣輕視輪迴思想，以為那是老古董。殊不知它絕不是無益的東西。毋寧說，這是古代人洞察銳利、反應敏捷的思想。依佛教看來，人生非常苦惱，這樣生生死死，反覆不停的輪迴思想，當然帶有黯淡的厭世色彩。依據佛教的宇宙觀來說，包括我們人類，地球和太陽等存在，也只不過是同樣的輪迴現象之一。

在這樣的宇宙現象觀裡，當然包括怎樣逃脫輪迴生存的探究？那就是禪定和後來出現的念佛了。佛教學者分別體驗和研究這種輪迴宇宙與解脫之道，之後，才把這些締造成一項壯大的體系。

紀元五世紀，有一位印度的佛教僧人叫做世親，寫了一本『俱舍論』解說這項體系。雖然說是五世紀的作品，殊不知這本書卻提示佛教最早期的世界觀。『俱舍論』有一章叫「世品」（loka），完全在解說所謂佛教宇宙觀。它叫做須彌山，誠如世品的章名所說，這種宇宙觀企圖說明宗教世界裡，有關世俗世界的組成問題。本書的前面主要根據這一章來寫的。

不過，思想是不斷發展和變化的東西。『俱舍論』沒有提到極樂思想，後來才紛紛出現，甚至也有了關於地獄的說法，而本書也涉及這些方面的思想探究。

日本人接受了這種宇宙觀時，各地才紛紛出現這種宇宙觀的仿效名稱。例如須彌山、地獄谷、彌陀ケ原等，甚至連諸般舊神的地方也被佛教化了。例如栃木縣靈山「二荒山」（即是男體山），便是從類似的音而改成觀音淨土的「補陀洛山」，同樣的「二荒」也能改寫為佛教式的「日光」（佛教有日光菩薩）。湖泊有中禪寺湖，瀑布有華嚴瀑布，也都是取自佛教關係的名稱。

以上是山獄地區的話題，平地亦建築無數的寺廟與石頭的地藏。東京市內有高圓寺、吉祥寺和國分寺等車站名，其實，這些名稱的由來決非偶然。整個日本列島彷彿進入佛教宇宙的縮影時代。

乍見下，佛教文化似乎籠罩著日本，而今正在退潮了。不說「須彌山」與「贍部洲」被忘得乾乾淨淨，連「極樂」也被基督教的「天國」取代了。佛教宇宙觀呈現如此情狀，倒不是第二次世界大戰後突然出現的結果，而是從古代開始逐漸下坡的結局。

本書從佛教宇宙觀的介紹開始，談到佛教解脫是想建立在怎樣的人生觀這項前提上面？這才是我寫作的目的。同時，有些內容看來好像老古董，跟我們完全無緣，例如，輪迴與解脫思想在現代社會是否仍有教育價值呢？我也想發表些個人的淺見。

定方　晟

目錄

一、人類怎樣理解宇宙呢？

1、須彌山說的世界

飄浮於虛空的風輪

有一次，在豐臣秀吉面前舉行唱歌比賽，看誰唱得最好？誰的聲音最宏亮？結果，有三名家臣都竭盡所能，喊出最宏亮的歌聲了。但在他們三人的歌詞裡，都曾提到須彌山。

那麼，所謂須彌山，到底是怎樣一座山呢？在日本，知道的人恐怕不會多。不過，須彌山還有一個名稱叫做妙高山，倘若一提到妙高山，那麼，一定會有很多人想得到新瀉縣那座妙高山。到底須彌山是一座怎樣的山呢？開始說明時，我要順便介紹一下佛教的宇宙觀。在這方面，我要依據一本印度五世紀時期的佛教作品『俱舍論』，但是，一般人把它看作小乘佛教的綱要書。

所謂須彌山者，就是佛教宇宙觀裡想像出來的一座山。依據佛教的宇宙觀，虛空中浮現一個風輪，好像圓盤形狀。圓周有「無數」（asamkhya）長，厚達一百六十萬由旬。一由旬的長度至今仍未知曉，而且有不同的說法，其中一種說法是，一由旬大約有七十公里。這裡所謂「無數」，不是指無限，而是指很大數目的一個單位。由此看來，風輪的周長有無數由旬，就等於10^{59}由旬，而圓周與直徑的比例是三比一。寫得真夠清楚了。

上面有個水輪，形狀像圓盤，直徑有一百二十萬三千四百五十由旬，厚度有八十萬由旬。水輪上有個金輪。形狀像圓盤，直徑爲一百二十萬三千四百五十由旬，厚達三十二萬由旬。金輪的表面有山峰、海洋和島嶼等。這一來，有人的腦海裡便浮現風輪、水輪和金輪重疊的樣子，形象很具體。這種情形也許可以想像成一個大洗澡桶上放個盆子，再在上面放有生日餅乾的樣子。

須彌山聳立在中央

讀者若稍微注意一下，便會發現水輪與金輪的直徑一樣。因爲這個緣故，可見兩者本來就是一個圓輪。雖然，這個圓輪是個水輪，卻像煮滾的奶水上面形成的表膜，上邊有個金輪。接著，水輪與金輪的交接處叫做金輪際，用來表示「再也沒有大地的底層」。換句話說，「金輪際」的意思是「最下層」或「到底了」，而我們居住在金輪上的一個角落，依照世人看來，金輪際等於最下層，意謂下面再也沒有底層了。

金輪上面有九座山，而須彌山卻聳立在中央。圍繞它有七座同心的正方形山脈。如果從內側開始叫起，每座山脈的名稱是持雙、持軸、檐木、善見、馬耳、象耳、尼民達羅。

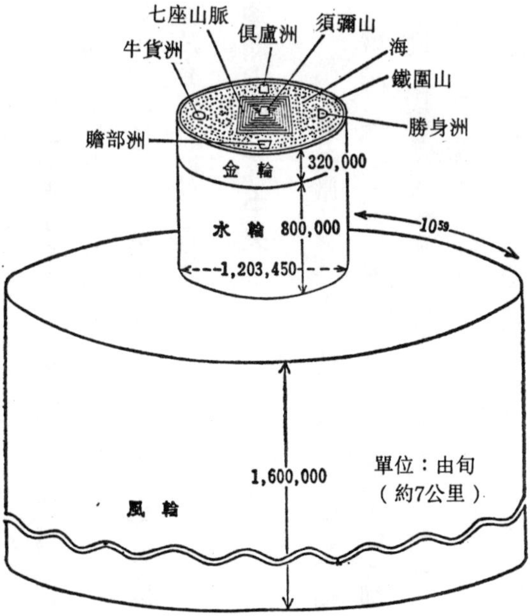

第一圖　須彌山世界的俯瞰圖

尼民達羅山的外側有四個洲（島或大陸）。位於須彌山東角有一個勝身洲，南角有贍部洲，西角有牛貨洲，北角有俱盧洲。在金輪上的最外圍，屹立著環狀山脈，便是鐵圍山了。它所以稱爲鐵圍山，就是由鐵形成的山脈，其他七座山脈都是由金子形成的，而中央那座須彌山則由四寶—金、銀、瑠璃和玻瓈所造成。這些山脈和島嶼的周圍都是水。毋寧説，它們置身在水裡，以上的説明可用俯瞰圖來表示，情狀彷彿第一圖。

其間，有一點要注意的是，許多以前的須彌山圖，都把七座山脈用圓來表示。其實，它一定是四角的情狀。如果不是四角，則無法理解『俱舍論』下面的句子。例如「在七海中，第一個海（須彌山與持雙山之間）的寬長是八萬由旬。如果除以持雙山內側的邊長（八萬由旬），那麼，四個邊各存八萬的三倍，也就是二十四萬由旬」（參照第二圖）。

高處有五十六萬公里——

然而，須彌山的巨大情狀並沒有談到，到底這座山有多大呢？我們不妨從側面觀察一下金輪的上層部份。

金輪上面儲存的水量，形成八萬由旬厚的層面。所謂八萬由旬，大約等於五十六萬公里，我們目前所知道的最深的海，就是大約一萬公尺的瑪利阿娜海溝，然而，上述的八萬由旬的深度卻遠超過這個海溝。須彌山的高有十六萬由旬，下面一半沈沒在水裡，上邊一半聳立在水上。換句話說，水面上下

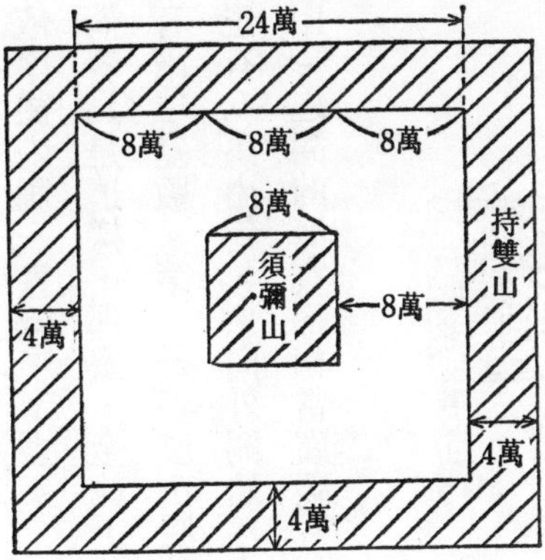

第二圖　四角形的須彌山（單位：由旬）

各有八萬由旬。八座山脈圍繞著它，而這八座山脈在水面上的部份也不相同，它們的高度可以依序從內側一直減半下去。

倘若只是這樣，那麼，金輪上的地勢顯然比較容易掌握了，事實上卻不那樣單純。其間含有兩項變數。第一是各座山脈的寬度等於水面上的高度，第二是海的寬度連最內側的海寬也有八萬由旬，愈向外開始逐步減半。但是，關於後者，第七座山脈與最外部山脈（鐵圍山）之間的海寬卻相當廣闊。如果用圖來表示，就像第三圖的樣子。所以，須彌山的高度大約有五十六萬公里，可見這座山連地球上的喜馬拉雅山最高峰也望塵莫及。那麼，傳說可將坐在這座山上的人吞下來，真是夠偉大，但是，只用鼻毛尖端輕輕一動便能把那個人颳跑，這個傳說卻更偉大了。

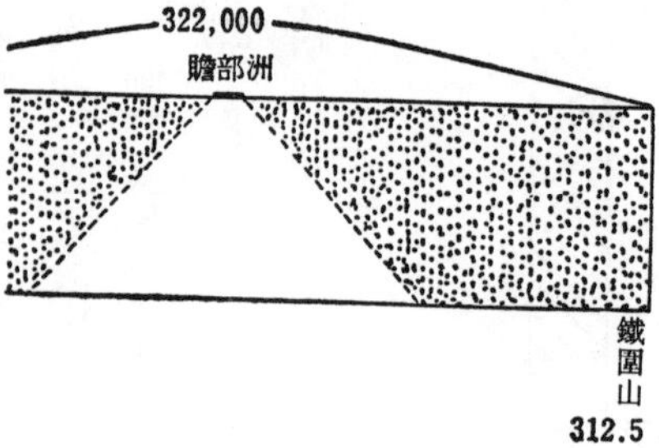

（點的部分爲海）

且說須彌山的須彌，乃是印度的Sumeru字，或sumeru字的音譯，還有一個音譯名詞叫蘇迷路。

一看到這兩音譯字，我便聯想到美索布達米亞平原上，有一個古老的文明國家叫做

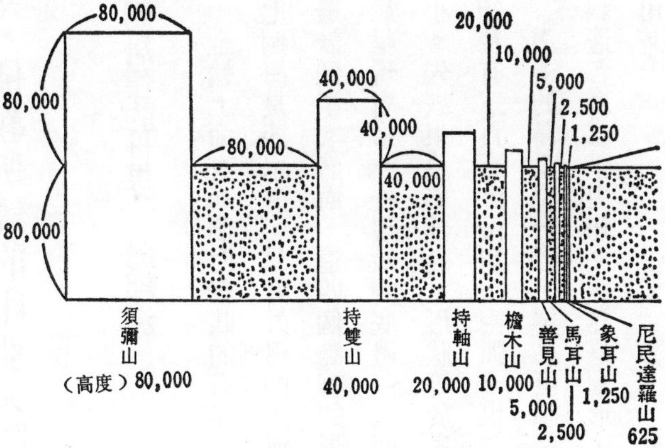

第三圖　九座山脈的寬與海寬

Sumer, Shumer，兩者讀音一樣，也許只是偶然而已。在印度，有一首國民敘事詩：『瑪哈巴拉達』，其中也有Meru 一字，這是文獻上最早出現的山名，也許佛教把它拿過來用。Meru 加上印度阿利安字的接頭辭su-，便叫做Sumeru ，意譯成「妙高」。而meru 的確是印度亞利安字，至於是不是有「高」的意思，並不太清楚，但它代表大山，所以，很可能便在「妙」（su）下，加上一個「高」字。在日本長野縣與新潟縣的邊境上屹立一座妙高山，依據地名辭典上解說，它來自一個古代的稱呼「名香山」，後來音變才改變爲妙高山。在改寫爲妙高山這個階段裡，顯然有須彌山的意味，其他尚有彌山，則在日本嚴島與奈良縣大峰山。

2、佛教所說的印亞大陸

我們居住的世界＝贍部洲

金輪上面有八個回廊狀的海洋。在上述回廊狀的山脈之間，每個都形成一個大海。內側七個海是淡水海，只有外邊的大海才是鹹水海。在鹹海裡浮現四個島（洲），這些都在上邊談到了。然而，這四個島嶼的形狀都不相同。東邊島呈現半月形（浮現外弧狀），南邊島呈現台形（外現短的底邊），西邊島呈現圓形，北邊島是正方形。接著再談談它們的大小。先談東邊那個島，形狀等於另一個平行弦切掉半個月亮，大弦的長有二千由旬，小弦的長有三百五十由旬，兩弧（也許也是直線）的長各爲二千由旬。

南邊的島呈現台形，幾乎可說是三角形的台形，下邊爲二千由旬，上邊有三・五由旬，斜邊各爲二千由旬。西島是圓形，直徑有兩千五百由旬，北島是個正方形，每邊有二千由旬。

南島贍部洲就是我們居住的世界（也寫成閻浮提，兩者都譯自Jambu－dvipa字，dvipa

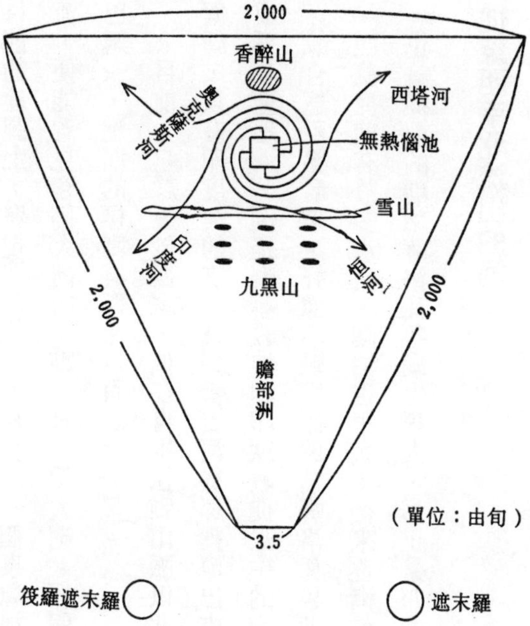

第四圖　依『俱舍論』所寫的瞻部洲圖解

字的意譯是「洲」，音譯爲「提」。）不過，這個台形島近乎三角形，乍見下，大家都明白它實際上即是根據印亞大陸的形狀，這樣便能讓人想像得到上述的觀點都來自各種地形。因爲該島北邊有一座雪山（Hima－vat。那就是喜馬拉雅山（Himalaya）的意思是「雪」hima的「藏」alaya）。

從這座雪山的例子裡，可知瞻部洲這個觀念，是由印度人具體的地理知識所組成。因此，書上描述雪山北邊有個無熱惱池，由此可見近世的印度學者，馬上可從實際的地圖上找得到那是什麼地方？

追根究底，那個池正是恒河、印度河、奧克薩斯河，和西塔河的共同源泉。但在我們目前的地圖上，發現這四條河不是從同一個泉源裡流出來。然而，如肯延長每一條河的上流，便能看見它們大體的交點上有一個大湖。那個湖就是瑪納薩洛瓦魯湖（西藏人叫它瑪巴姆），湖面的標高有四千六百二十公尺。

目前，它隸屬於西藏，位在喜馬拉雅山脈以北。事實上，這四條河沒有一條發源於這個湖，只有印度河的支流薩特雷吉河從那裡流出來。但是，這個湖附近有一座凱拉薩山（成爲朝聖地），倒是喇嘛教徒和印度教徒眼中的聖山。我們也把「無熱惱池」看成很神聖，綜合這兩點看來，好像不難推測瑪納薩洛瓦魯湖正是「無熱惱池」。再看西藏人的傳說，西藏從前有許多水流，湖泊也很大，後來逐漸乾涸，各地都只剩下小湖。倘若事實這樣，也許從前的瑪納薩洛瓦魯湖也很大，真正是四條河的共同泉源也說不定。

從東西南北流出的河

這個湖是正方形，每邊長有五十由旬，在此，不妨補充一段記述，它取自『大毗婆沙論』。且說四個邊裡，東邊有個銀牛的口，恒河從那兒流出來。南邊有個金象的口，印度河從那兒流出來，西邊有個瑠璃馬口，奧克薩斯河從那兒流出來，北邊有個玻璨師子口，西塔河從那兒流出來。

還有一點很有趣的是，四條大河從湖裡一出發，便繞湖一周（右繞或左繞不清楚），才開始正式流出來。流口所以呈現動物的口形，傳統上都說很像獅子口在吐水。

四條河的流動不僅可以明顯圖式化，也幾乎能配合現實的地理情狀。在湖的東西南北有不同的流出材料和動物。也許是針對現實的方角產物而來。例如，南邊有金與象，金列爲四寶之首。倘若把金配屬在南方，一定很符合印度人的願望。但不知外國佛教徒怎樣接納這種宇宙觀呢？

玄奘是唐朝的一位著名的高僧，他除了提到這個圖式以外，還提及下面的圖式。那就是關於贍部洲四位君主的圖式。依照他的說法，南邊有象王，西邊有寶主，北邊有馬主，東邊有人主。換句話說，東方配上人主，跟上述圖式比起來，東方比較高級。東方地區推行仁義，那顯然指中國而言。西方寶主所統治的地方，正是包括伊朗在內的東方，人人重視財貨、輕視禮義。

北方馬主所統治的國家，老百姓很粗野。南方象主統治的地方，在玄奘這位佛教出家人看來，一定是最好的。難怪他說，東土以禮法爲重，而南方國土盛行宗教。再附帶說一句，據悉玄奘說上述四條大河裡，西塔河才是黃河的源流。西塔河一旦鑽入沙土，就變成黃河呈現出來。

沙漠的綠洲—無熱惱池

現在再談談無熱惱池。印度人爲何叫它無熱惱池（Anavatapta）呢？實情不太清楚。在喜馬拉雅山一帶的高地，想像中也許水流不會熱，很清涼。印度是個炎熱的國土，那裡的老百姓都認爲理想環境的條件之一，就是沒有炎熱的苦惱。也許他們認爲那才是神聖地區不可缺少的要素。

中蘇邊境不遠有一個熱海在俄國領土內，名稱由來也恐怕是這個理由。這個湖面標高有一千六百九十公尺，周圍地區由於受到湖水的影響，氣候比較暖和。由此類推，所謂相反的無熱惱，也許不能把周圍暖和下來；或者往好意方面解釋，這個湖能夠解熱，把暑熱紓解下來也說不定。之後，這個湖裡居住一隻同名的龍王。

日本佛學者岩本裕教授曾經做一種對比和討論，他把無熱惱池及其四條流出的河，跟猶太教的伊甸園，及其流出的四條河相提並論。依他看來，無熱惱池名符其實，是沙漠綠洲的神話化。那四條河可以比擬伊甸園流出的比遜河、基賀河、希特肯爾（現在的底格里斯河）,和夫拉特河（現在的幼發拉底河）等。舊約有一種「諾阿洪水」的傳說，同樣的傳說也出現在印度的早期文獻—普拉夫瓦那，而這項文獻比佛教的成立更早期，因此，我們能夠想像無熱惱池跟伊甸園之間有相當關連。

無熱惱池畔生長許多茂盛的喬木，名叫贍部（Jambu）。這種樹的果實好像甜美可口。我們居住這個島所以取名贍部洲，正是依據這種樹名而來。

無熱惱池的北邊有一座香醉山。那麼，它為何取名為香醉山呢？依照『起世因本經』的說法。這座山上的樹木，種類繁多，也會發出各種芳香。那裡居住一群乾闥婆神（Gandharva），掌管音樂，伺候印德拉神。他們靠吃香氣（gandha）為生，而他們屬下有無數的緊那羅，仍然參與歌舞和音樂。因此，這座山上經常傳來音樂之聲。

這座山峰相當於實際的凱拉薩山（西藏人叫特塞）。凱拉薩山的名稱出在『瑪哈巴拉塔』（印度的叙事詩。紀元前後，歷經數世紀才成立）。其間談到這座山是西瓦神的樂園，以後成為印度教徒經常來朝拜的地方。之後，西藏人也加入這座聖山的朝拜行列了。不過，那只限於印度婆羅門教徒與佛教徒。也許婆羅門教徒先把它當作自己的聖山，後來才跟佛教徒互相爭奪這座聖山。

九座黑山與兩個島

再談談雪山南邊的三座黑山，再向南走又有三座黑山，接著往南去又見三座黑山，共計有九座黑山，這跟實際的地理狀況是不是符合呢？有人說那些山脈應在德干高原，其實，還是在喜馬拉雅山脈的南麓比較妥善。『望月佛教大辭典』對雪山的註解是：「三座黑山恐怕在現在的喜馬拉雅山脈裡，從南方起逐漸升高、連綿不斷、應該指Sub－Himālaya, Sower Himālaya, Snow－Himālaya 等三大山脈。」

這裡所說的Snow－Himālaya，也算作一座黑山，實在有一點兒不可思議（因爲黑山一定是沒有雪的山才對）。反正這些山峰都似乎在喜馬拉雅山脈裡。乍見『望月辭典』上的照片，綿延不斷的喜馬拉雅山峰，顯然有白雪皚皚的雪山，跟三座黑山遙遙相對。

贍部洲南邊的兩旁有兩個附屬的島——遮末羅（camara）和筏羅遮末羅（Avara－Cāmara）。南端以東那個島，顯然相當於錫蘭島。西側有拉卡德烏群島和馬魯德烏群島，若跟錫蘭島相比，無疑都是一群小島的聚集。但是，印度人始終不理會現實，總愛連貫對稱主義或齊合主義。例如贍部洲是台形，其尖端的一邊有個島（錫蘭）的話，那麼，它的反方向也一定要有個相同的島才行。假定贍部洲有兩個附屬的島時，那麼，其他三個洲也都要有兩個附屬島才行（這些島名省略）。

印度人喜愛這種很不實際的宇宙形象，直到紀元以後還是如此。希臘的普脱雷麥歐斯（紀元二世紀）知道地球是個球體，並能用經緯度表明世界地圖，可是，那位「俱舍論」的作者——世親（紀元五世紀）後來依然正經八百在談論佛教那種世界觀。這個世界形象是以自己爲中心，認同我們的世界「贍部洲」即是印度的形狀。這一來，在印度人的世界觀裡，總有一種中心思想，那就是無意識地認定喜馬拉雅既然存在，對於贍部洲來說，那是一座雪山，也是金輪上的須彌山。

來自南極的大陸跟喜馬拉雅山脈衝突

但在科學發達的今天，我們知道印亞大陸原來在南極大陸的附近。古代印度人認爲四個洲分別在東西南北，即使未來永劫也不會變更位置。然而依據最近所發表的大陸移動説，始知情況並非如此。印亞大陸以前在南極地方，而南極大陸與澳大利亞大陸曾經黏在一起。關於這件事，世人是根據各個大陸地磁氣的方向流動，和地質的分佈狀況等調查以後才明白的。依據這些流動與狀況，把各個大陸聚合起來，始知其接合的凹凸非常一致。

那個印亞大陸的三角形，在遠古時代從南極大陸分割出來，之後像蝸年般緩慢地移動，撞上了亞洲大陸的喜馬拉雅山麓。但因彼此早期曾經黏在一起，其接合的上部還有間隙，才讓水滲透進去。

然而，經過漫長的歲月，從喜馬拉雅山流下的泥土，逐漸把那些間隙埋掉。這樣一來，喜馬拉雅山流下的水便開始形成河流。這些河的流動彷彿第五圖的②式。那就是從水源流出的水變成這樣：上流即是現今的普拉伕瑪普德拉河流域，中流即是現今的恒河流域（跟現在反方向），下流即是現今的印度河流域。

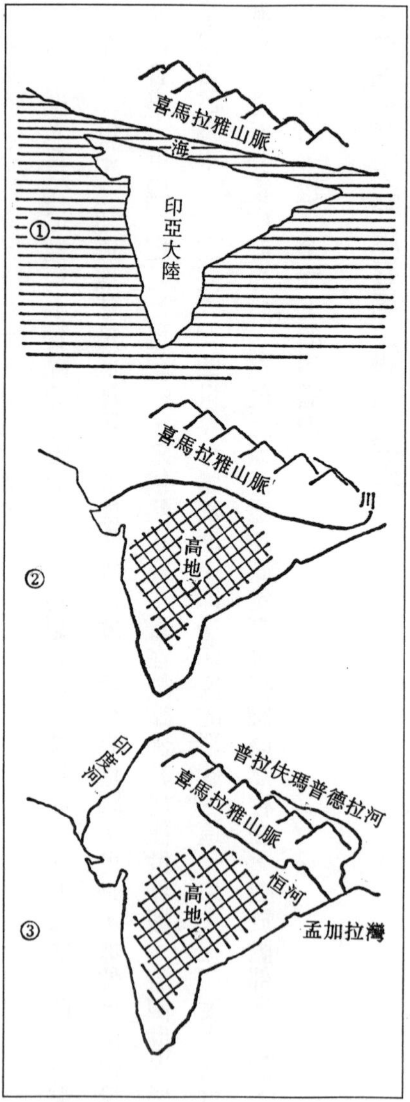

第五圖　印亞大陸的形成推移

不料，後來孟加拉地區發生陷落，使河水從那裡流入海中，形成了兩條河流。換句話說，那就是現今的普拉伕瑪普德拉河和恒河。後者當然改變流動方向，水源朝向別的方位。由於恒河的變化，印度河也成了另外的河流。

可是，印度有這種地理變遷，古代印度人壓根兒也不知道（連我們也是到最近才明白）。因爲這種巨變發生在人類出現地球上以前，也就是早在幾千萬年前就變化完成的。如果現在調查恒河平原，會發現貝拿勒斯地區的泥沙層，厚度有六千公尺，從此似乎能夠判斷它的變遷史。

3、太陽與月亮

搭天宮遊太空

談到宇宙觀時，就不能不解釋太陽與月亮的地位了。在佛教宇宙觀裡，到底要怎樣處理這個問題呢?例如，它們的位置、大小和運動情形怎樣?

首先要思考的是，以須彌山爲中心，須彌山的水上會浮出部份中腹，以它爲高度而形成巨大的風輪（像浮輪之物）。這個輪子正好飄浮在四個洲的上空。由於這個風輪的存在，才能使太陽、月亮和星辰得到支撐和運作。

太陽的直徑是五十一由旬，月亮的大小爲五十由旬。總之，不論太陽或月亮的大小，都彷佛雪山北邊那個無熱惱池。如果看到這兩個天體的大小差異，便知道印度佛教徒一定把目視的大小差距，原原本本地當作事實的差距了。星辰的大小不同，千差萬別，最小的不到一公里。

太陽與月亮不是直接地浮在風輪裡，而是納入天宮（Vimāna）這種乘坐物或容器中。那麼，太陽就等於天宮上部外側所形成的火珠輪，而月亮是天宮下部外側形成的水珠輪。因此，太陽常常在照耀和發熱；月亮常常在照耀和陰冷（他們好像不以爲月亮是陽光反射的光明）。

世界上到處都存在一種想法，那就是太陽神和月亮神會搭乘某種乘坐物遊行天空。從中東、近東起到印度，都留下不少繪畫和雕刻，內容不外乎太陽神搭乘四頭馬車。從那些時代往後延續（到十三世紀），在印度東部的柯拿拉庫，有一所印度教的斯利亞寺廟（以雕刻各種性交姿勢聞名），那是太陽神斯利亞的寺廟，整座寺廟成爲一具掛有車輪的乘坐物。因此，寺廟的大殿跟天宮的稱呼（vimāna）一樣。

一個太陽和一個月亮在四個洲上繞轉。當太陽繞到贍部洲上空時，東邊的勝身洲便是太陽落下，西邊的牛貨洲剛好晨曦，而北邊的俱盧洲在深夜。如是根據這項說明來判斷，那麼，整個金輪面（不僅贍部洲而已）不是相當於我們現在居住的地球嗎？贍部洲日正當中時，俱盧洲碰到深夜，結果豈非接近南美洲大陸嗎？

太陽運行與月亮圓缺

一年到頭，晝夜長短不一樣，爲什麼呢？那是由於太陽轉到贍部洲上空，南北反覆移

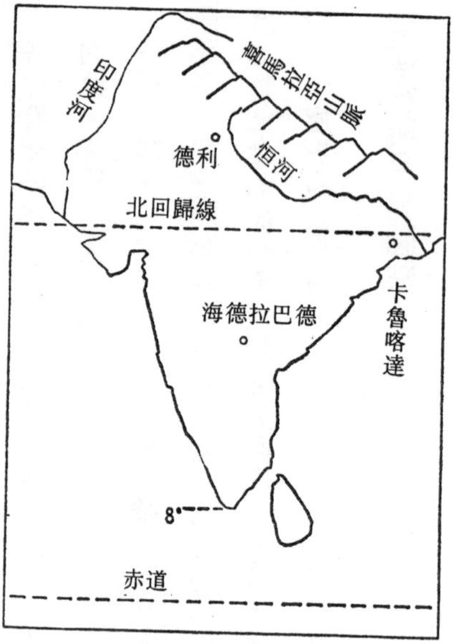

第六圖　北回歸線通過印亞大陸

動所使然。「當太陽繞到贍部洲的南邊時（daksinayana）夜間會增長，繞到北邊時（uttarayana），白天會增長。」不過，這種說明不能自圓其說。沒錯，太陽是南北移動的，然而，這也不能直接說明晝夜長短的變化。如果要說明這件事，有一項不可缺少的條件是，一定要能認知，大地是球體，而贍部洲又是怎樣處在完全的平面上呢？

再談到太陽移到贍部洲北方的問題，有些地方也馬上令人懷疑。因爲有北回歸線通過印度的中央（第六圖）。住在北回歸線北邊的「德利」人民，只要稍微具有銳利的觀察力，就會發現太陽絕不是越過自己頭上「到贍部洲的北方去」。

但在北回歸線以南，例如住在海德拉巴德的人們，就會認同太陽的確向自己的北邊去。從前有一位希臘駐印度大使美加斯特內斯（紀元前三百年左右），曾經特別記載印度地方某個時期的物影竟然落在南方。希臘人一直生活在北回歸線以北，當然把這個看成稀罕現象。

其次談到月亮的圓缺原因，其間記載：「當月亮的天宮走近太陽的天宮時，陽光就貫注這個月亮天宮。由於這個理由，影子落在它的反面，致使月圓看起來欠缺。」總之，月亮接受陽光，在面對太陽的反面就形成影子。月亮圓缺的理由所以會跟陽光的照射息息相關，無疑是科學原理。月亮在轉動圓周軌道（風輪）的上面。太陽也在活動同樣軌道上面。如果太陽接近月亮的話，照理說月亮影子也在移動。

然而，這樣仍然不是很充分的解說。所以，『俱舍論』的作者除了上述說明以外，也依據「運行之理」來詮釋。倘若依照這項詮釋，那麼，太陽與月球軌道上面便好像有高低的差別。

由於太陽軌道在月球軌道上面，致使月亮圓缺的說明便更容易了。

為何月亮上有兔子呢？

因爲太陽和月亮都有生物居住（「有情」）。那就是下面要談論的四大天王的一群部下。如果依據民間傳說，月亮上有兔子。『大唐西域記』也介紹這段傳聞——

從前，某座森林裡住著狐狸、猴子和兔子，大家和睦相處。有一天，印德拉神想要探測一下這三條獸類的心，便化身一名老人。他向牠們說：「諸位都好嗎？大家處得很和諧吧！」

三條野獸同聲回答：「我們處得很和諧。」

這時候，印德拉神說：「我要來評判一下你們感情深厚的程度，我現在肚子餓得很，你們有什麼東西給我吃嗎？」三條野獸聽了馬上去找食物了。

只見狐狸從河裡抓條鯉魚回來，猴子從樹上摘了果實回來，只有兔子雙手空空，很氣餒地走回來。於是，印德拉神說：「你們的心還不一致，修行還不到火候，因爲還有兔子什麼也沒帶回來。」

兔子說：「諸位，請你搜集一堆柴薪好嗎？因爲我有一項構想。」

果然，狐狸和猴子紛紛去搜集一堆枯草和枯木了。兔子就在草堆上起火，同時告訴印德拉神說：「老人家，我確實無力找些東西回來給你吃，如今我要用自己的身體來供養你。」兔子一說完，便蹤身跳進猛火裡燒死了。

印德拉神恢復本來面目，把兔子的屍體從柴薪裡拿出來，一邊嘆息，一邊說道：「你的心意很誠懇，竟肯做到這種地步……我要把這件事傳給後人知道，想把兔子留在月亮上。」從那以後，兔子才置身在月亮裡。

印度即是月亮（indu）之說

再依據『大唐西域記』上說——印度也有月亮的稱呼。原來，月亮有一個名字叫做（indu）。但是，印度即月亮indu的說法，乃是後代的說法。本來，印度的稱呼好像跟月亮扯不上。

中國人最初知道印度的時候，都叫他們「身毒」或「天竺」，兩者都是（Sindhu，Hindhu，）或兩個鄉土發音的音譯。後來，玄奘沒有正式說明「身毒」與「天竺」兩字的發音，只說正式的發音叫做「印度」。因此，我們便依照這個習慣變成「印度」，此字既非英文字，也不是法文字。

不論Sindhu或Hindhu或India都一樣，統統來自「印度」這個字。波斯人和希臘人都把印度河流域的地區如此稱呼。

後來「印度」的範圍擴大到東方與南方了。但是，Sindhu這個字只是一個普通名詞，好像指河流而言。依據E·D·菲利普斯的解釋是：

「在庫邦河三角洲（在柯卡薩斯地方）有一支古老的辛德人，這個稱呼也許是薩斯庫利特的辛德瓦Sindhaua「河川之人」。這群印度歐洲人住在故居，而他們的主力移向南方，到達另一條河畔，這條河仍然叫做辛德河Sindhu，我認爲這條河就是今天的印度河。」(勝藤猛譯『草原騎馬民族國家』)

讀者也許都知道印度歐洲人來自柯卡薩斯方面。

但是，爲什麼後代人會談到「印度」即是「月亮」的意思呢?原來想要美化印度。誠如前述，印度是以宗教國家的地位優於別的地區。所以，我們生存的世界是投胎轉世的世界，即無明的長夜所控制的世界。印度是一個在這種黑暗中放出光明，引導人類的月亮。雖然，周邊也有其他星辰，無如，它們的明亮始終不及月亮。於是，才以「月亮」(Indu)這個字來美化和稱呼印度。

「註釋」—從第三圖的數字來計算，便知道金輪直徑有一百二十萬八百七十五由旬，而不會等於開始所說的一百二十萬三千四百五十由旬。關於這一點，亞休米特拉的註解書上提到若干見解。

第一，圖的外海寬度是三十二萬二千由旬，應該再加上一千兩百八十七．五由旬。

第二，延長鐵圍山外面那些不足夠的金輪。

第三，山脈的橫斷面不是正確的長方形，而是稍微台形（總之，山脈的寬度等於水面上高度，大體的說法如此），如果加上山脈底邊之長，就會比一百二十萬八百七十五由旬還要長些。

亞休米特拉自己的意見，似乎屬於第二項。

二、佛教的「地獄與天界」

1、地獄世界

熱地獄有八段——

一般宗教的宇宙觀，都會提到地獄位於宇宙的何處?當然，佛教也不例外，照樣指出地獄的所在。

「地獄」是印度字naraka的音譯。佛教尚未傳入中國以前，中國話裡並無「地獄」一詞。naraka的音譯是捺落迦，或奈落。這種奈落發生在「奈落底下沈思」之際，或舞台床下的「奈落」（地下宮、地獄最下層）。至於地獄的數目、種類和大小等，各部經典的解說都不儘相同，在此，我仍依『俱舍論』來說明這些問題。

先說一下八熱地獄。這八個地獄重疊在贍部洲的下面。我不妨從上層開始說起，把名稱敘述於下：

(1)、等活＝Samjiva

(2)、黑繩＝Kālsaútra

(3)、衆合＝Samghāta
(4)、號叫＝Raurava
(5)、大叫＝Mahāraurava
(6)、炎熱＝Tapana
(7)、大熱＝Pratāpana
(8)、無間＝Avīci

最下層的無間地獄特別大，乃是個每邊有兩萬由旬的立方體。無間地獄的上面是從地表往下二萬由旬，位於下面四萬由旬之處。在無間地獄上面二萬由旬這一層中間，還容納其餘七個地獄。至於具體上怎樣納入中間？『俱舍論』上沒有註明。關於這方面，不妨讀一下『大毗婆沙論』，便知道八個熱地獄的分配狀況，其間有三點說明。

第一點是補充『俱舍論』解釋的缺點。依照其中的觀點，可知無間地獄上面，在二萬由旬層之中，有七個熱地獄佔據下面一萬九千由旬的空間。在剩餘上面一千由旬裡，下邊五百由旬屬於白墡層，上邊五百由旬屬於泥層。在七個熱地獄裡，每個地獄的一邊都是一萬由旬，也都是正方形。但是，卻沒有說出有多厚？恐怕無法用七來除於一萬九千由旬的階層才對。

若依照第二點說明，便能避免這種不齊合狀況。依據這項說明，無間地獄應該位於第一項解釋再深下二萬由旬的地方。因此，無間地獄上邊照理說有四萬由旬的厚層，這就形成每邊五千由旬的立方體，等於七個熱地獄，厚達一千由旬的四種土層（從下往上說，就是青土、黃土、紅土和白土），厚達五百由旬的白墡層，和同樣五百由旬的泥層，分配狀況應該這樣，如果依據這項說明，便能符合數字上的條理了。

接著，再看第三點解說，地獄不是垂直並立，而是水平並列。以無間地獄為中心，其他七個地獄圍繞排列。情狀猶如大城牆圍繞著一個村落。

暗無天日的無間地獄——

乍見這個圖式，難免讓人覺得地獄的說明不夠完整，使人產生不少疑問。例如，贍部洲的寬闊，周圍只有六千三．五由旬，怎能在下邊排列幾個大地獄呢？無奈，那群僧侶們的回答不夠圓滿。他們答說贍部洲的上邊是尖的，下邊寬闊，彷彿穀子傾倒於地面的形狀（第七圖）。

那麼，在八個熱地獄裡會承受怎樣的刑罰呢？各個地獄的基本特性，如同名稱的顯示

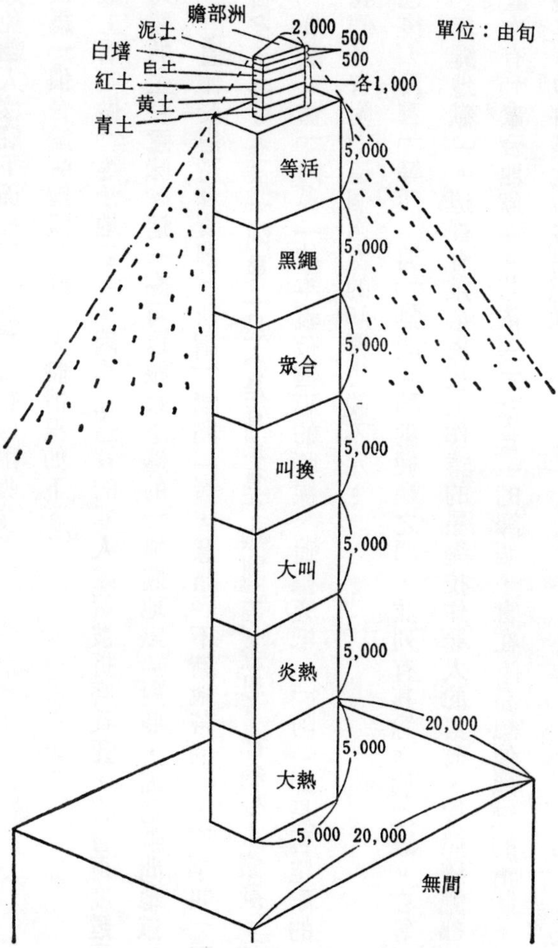

第七圖　由第二點説明出來的八個熱地獄

。但若根據文獻的內容看來，那些地獄的特性並不明確，每個地獄都在採取類似的刑罰，這樣難免讓人懷疑下面地獄的刑罰會很嚴酷嗎？

因爲『俱舍論』解說不詳，大體情況如下。

最上層叫做「等活地獄」，因爲在這裡的罪人雖然被折磨致死，也會再度甦醒，體會得到短暫的生存意味。這一點可以跟最下層的「無間地獄」對照，因爲無間地獄沒有片刻休憩，一直飽受虐待和責罰。所謂「無間」者，意指「不斷地苦惱」，原字叫「阿鼻」（阿鼻旨Avici）。至於「阿鼻」是不是真正有「無間」的意思？卻很令人懷疑。倘若事實如此，那麼，當「阿鼻」的本義被遺忘的時候，追根究柢，「阿」即是否定辭的「無」，也許我們只有附上這個適當的解釋也說不定。

之後，再看「等活」與「無間」的兩極端之間，並列有其餘六個地獄。在等活地獄之下有「黑繩地獄」。這裡有獄卒用技工作業的墨繩拉住罪人的身體，按照綁繩部位砍掉身體。其次有「衆合地獄」。若依照「衆合」的譯語，實在不易想像地獄的情狀。如果譯作「衆殘」，也許還比較容易想像一些。

衆合Samghāta 的Sam 意指「一起」，而ghāta 的意思是「殘殺」。總之，在這個地獄裡要備受各種煎熬。接著是「號叫地獄」，這裡的罪人苦痛之餘，哭叫不休。「大叫地獄」是更加痛苦，才喊出更大聲的地獄。「炎熱地獄」是指罪人受苦於火焰煎熬，而「大熱地獄」指更劇烈的大焰在折磨罪人，這是幾處地獄的情狀。

「往生要集」描述的地獄

反正各部經典都是幻想之能事，來描述各個地獄的情景。其中一部經就是『正法念處經』，日本的源信和尚便利用其中的描述完成『往生要集』一書。現在，我不妨引用其中一段描述。那段衆合地獄的描述出自『往生要集』。有一項特色是，那些犯有邪淫罪者會在這裡承受報應。

「還有地獄的鬼卒抓住墮下來的罪人，丟到葉子如利刀的樹林上。看看那些樹梢上，居然有面孔標緻、穿著漂亮的女人。罪人一看到她，便迫不及待去爬樹；不料，樹葉如利刀一樣，削破罪人身上的肌肉，貫穿他的筋骨。這一來，全身上下血肉模糊，等他爬到樹梢一看，那個女人早已落地，張開妖媚的眼神，含情脈脈拋向罪人，並用百般挑情的口吻說：『我很喜歡你，我已經落到地面了，你為什麼不來陪我呢？為什麼不來擁抱我呢？』

罪人一看，忍不住春心衝動，又開始從樹梢下來，迎向鋒利的樹葉，全身肌膚又被刮得慘不忍睹，才好不容易落到地上，不料，那個女人又不知何時攀到樹梢上了。罪人看了又爬上樹去，這樣反覆追逐，歷經無數個千百億年，自己的心始終被她欺騙，在地獄裡一直如此度過，原因是，他完全被邪慾控制了。」

「這個地獄又有十六處附屬的特別所在，其中一處叫做惡見處，因爲他曾捉人的孩子，強暴虐待，讓她們哭叫，死後才墮入這裡受苦難。罪人目睹自己的孩子也同樣落到這裡，不禁傷透了心。尤其，目睹地獄鬼卒用鐵杖、鐵椎，穿貫自己愛子的陰部，或用鐵鉤敲打他的陰部。罪人目睹愛子這樣慘遭折磨，簡直心如刀割，哀痛欲死。不過，思念孩子的苦惱心情，卻不及身上遭火燃燒苦痛的十六分之一。罪人在痛苦的心情壓迫下，也備受肉體痛的煎熬。例如，頭顱被倒轉，滾熱的銅汁貫入肛門，流到全身，燒爛內臟和大小腸胃，慢慢燃燒之際，又從口裡流出來。總之，身心受盡折磨，長達無數個幾十萬年，真是萬分無奈。

還有許多特別地獄慘不忍睹，生前當男娼的人都落到那裡，飽受虐待。只要一看到以前跟自己有過關係的男人，全身如烈火在燃燒，急著跑前去擁抱時，自己全身上下馬上四分五裂，叫苦不迭。」

頞部陀＝麻臉的苦難

地獄不是到此結束。每個熱地獄都有四面牆壁，而每一面壁都有一扇門。每一扇門連接四種副地獄（漢譯爲「增一」）。八個熱地獄共有一百二十八處副地獄。

(1)、煻煨副地獄
(2)、屍糞副地獄
(3)、鋒刃副地獄
(4)、烈河副地獄

在(1)副地獄裡，走在熱滾滾的灰（煻煨）上面；在(2)副地獄裡，泡在屍體與糞便的泥沼中，蛆蟲腐蝕骨頭，吮吸髓汁，苦不堪言。

(3)類副地獄有三種。一種是在刀刃路上，劍刃朝上排列，在上面走過。第二種是在劍葉林裡，每次風吹都使劍葉落下，砍斷罪人的手腳，而墮不來的手腳，遭黑斑色狗撕裂吞食。第三種是在鐵刺林裡，劍刺攀登密生的樹林，如果要下來，劍刃會朝上；如果站著不能進退，鳥群飛來會挖掉他的兩眼吃掉。

這個副地獄，彷彿一條水溝或河流，在煮滾的水上，罪人像穀粒般浮沈，當他們想要伸手攀上岸時，岸上獄卒會馬上用刀槍砍斷他們的手。

地獄不是到此爲止。另外尚有八個寒地獄。這些都在贍部洲下面，位於大地獄（即熱地獄）旁邊。種類如下：

(1)頞部陀　Arbuda
(2)尼剌部陀Nirasrbuda
(3)頞哳陀　Atata
(4)臛臛婆　Hahava
(5)虎虎婆　Huhuva
(6)嗢鉢羅　Utpala
(7)鉢特摩　Padmra
(8)摩訶鉢特摩Mahāpadlma

以上可以顧名思義，都是極寒冷酷的地獄。所謂頞部陀，就是腫疱、疙瘩，罪人墮落到這裡，身受寒冷之苦，不在話下。所謂麻臉這個名詞，從印度字衍生而來。尼剌部陀就是因爲極度嚴寒，致使身肉破裂的地獄。至於⑶⑷⑸的地獄，也全是名符其實的苦惱所在，由這些擬聲字語可以判知。換句話説，罪人因爲嚴寒受凍，才忍不住發出「阿達達」、「唉呀」、「呼呼」之類的悲叫聲。

肌肉破裂，身體腐爛——

⑹⑺⑻等地獄都是蓮華的種名。依據『俱舍論』並沒有説明蓮華的名稱跟地獄性格有什麼相關？『長阿含經』與『大智度論』比『俱舍論』更悠久，其間談到蓮華的名稱足以顯示地獄與地獄的壁色。總之，嗢鉢羅（意譯青蓮華）意味青一色的地獄，鉢特摩（紅蓮華）也意指紅一色的地獄，摩訶鉢特摩（大紅蓮華）意指更紅色的地獄。

然而，這樣説明絕不會引發人們的恐怖心。古印度人難道會因爲這樣而心懷恐懼嗎？於是，就出現了寒冷地獄，非説明寒冷有關的情狀不可。所以，『俱舍論光記』的解釋便能讓我們接受了。例如説：「嗢鉢羅地獄是很嚴寒，迫使人的肌肉暴裂，身體彷彿青蓮華一般。鉢特摩地獄是一個迫使人的肉體暴裂得像紅蓮華般的地獄。摩鉢特摩地獄是個爛開得很像大朵紅蓮華一樣的地獄。」在黑暗的水面上，人肉的青蓮華、紅蓮華、大紅蓮華爭相開放的景象，既談不上恐怖，也說不上美觀。

上面的解說是地獄的主要情狀。總共有八個熱地獄，一百二十八個副地獄和八個寒地獄等一百四十四個地獄。不過，『俱舍論』後來又加些孤地獄。上述各個地獄還算有組織的結構，而孤地獄卻很零星地散佈在各處。例如，河川、山峰、郊野和地下等處。

有組織的地獄是由全體人類共同的業力造成的，相反地，孤地獄是由若干人，或一兩個人等有限的業力造成的。因爲孤地獄的情狀說得並不多，只知跟外處隔絕，個人在其中受苦的恐怖地獄。

地獄觀念何時出現?

這些地獄不是一下子形成或出現的，而是歷經漫長時間，由一大群學僧們慢慢思考出來的。例如，八大熱地獄並不是一開始就有所謂熱地獄。好像熱地獄、副地獄和寒地獄等地獄體系也不是一下子形成的，而是把幾種傳說的地獄加以整理和統合起來。

雖然，我們現在叫他們學僧，殊不知他們並不限於佛教的僧侶。到目前爲止所提到的地獄觀念，乃是所有印度人設想出來的。其間含有類似耆那教與印度教的地獄名稱。也許說得難聽些，那些學僧們儘量在閒暇時想出各種殘酷恐怖的刑罰。他們是一群聖者（佛教所謂阿羅漢），知道自己跟這些地獄牛馬不相干，然而，他們爲什麼要想出許多詳細的地獄苦狀呢？

也許他們會回答說，要爲老百姓著想。他們想警告老百姓，引導他們走上正途。但是，在一群學僧裡，一定有人透過地獄的想像與描述，暗地裡品嚐虐待性的樂趣，有一位已故的奧國籍學者叫做溫德路尼茲，乃是印度問題的專家，也曾用「虐待狂」一語談及耆那教聖典裡，關於地獄的情狀。

在印度，地獄思想到底幾時開始出現的呢？這個問題不好回答。遠在紀元前五、六世紀左右。爲了對抗傳統的婆羅門教，才會出現佛教和耆那教等新興宗教。當時，婆羅門教內部已經有了「奧義書」這種新思想。依我看，地獄思想的發展似乎跟這些新動向的時間相同。

地獄的數目與時俱增。到了『正法念處經』與『觀佛三昧海經』時期，只要一聽到其中列舉的地獄名稱，便使人忍不住看到阿鼻叫喚的地點，耳朵也會聽到斷末摩的悲鳴之聲。阿鼻叫喚是指阿鼻地獄和叫喚（號叫）地獄，而斷末摩的「末摩」是印度字marman的音譯（意思是要害或致命傷）。切斷要害的情形叫做斷末摩。

2、天界的結構

天即是活神仙

倘若地下有地獄，那麼，地上便有天界了。有一點必須注意的是，「天」在佛教不表示「天空」sky或heaven這種場所，而是意味活生生的神仙，或上帝。例如，帝釋天或梵天等是。上「天」的原字是deva。它跟拉丁文的deus字相同意思，這兩個字屬於印歐語系，讀者應該明白才對。

日本的室町時代末期，當基督教傳入時，便把deus譯作提宇子。佛教有一個著名的人物叫做提婆達多（Devadatta），他被看作佛陀的敵人，然而，誰也不知道「提宇子」跟「提婆」是同一個字。倘若被佛教徒知道的話，他們也許相信「提宇子」便是「提婆達多」的再世了。那麼，爲何中國人不把deva譯作「神」呢？關於這一點最重要的理由是中國話的「神」，通常含有靈魂的意味。

「天」意味著神，而「天界」（deva－loka）卻意味著空間。然而，「天」也意味著空間的天。原因是，印度字的名詞及其衍生字的字形幾乎相同。而中國便用同樣的漢字翻譯過來。例如，印度字有所謂「三十三天界」（Trayas－trimsāh）和「三十三天界的住人」（Trāyas－trimsāh），中國人一樣譯作「三十三天」。本書如果提到「天」，則意味著「神」。

四天王居住的涼台

有人說天有無數之多，而佛教的世界觀把這個看作多神教。我們先說明一下接近下界的天和住處。須彌山露出水上部份是正立方體，每邊長達八萬由旬。這個立方體的下半部是四天王和他的一群部屬居住的地方。這個住處是四層建築物。距離水面一萬由旬的高處，四周有突出的涼台。據說有一萬六千由旬，向外延伸出來。從此再突出一萬由旬之處，又有一個涼台，而這個只有八千由旬鼓出來。

再突出一萬由旬的地方，又有一個涼台，只鼓出四千由旬而已。再突出一萬由旬之處，便是最後一個涼台，只鼓出二千由旬而已。目睹由上面涼台慢慢向內縮回時，不禁令人想起今日爭論不休的「日照權」這個問題（第八圖）。

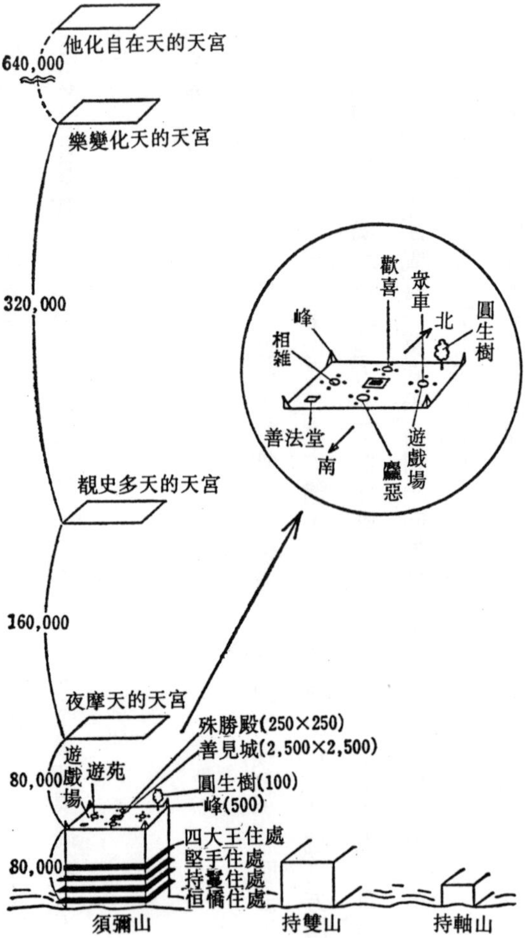

第八圖　三十三天的住處跟天宮位置

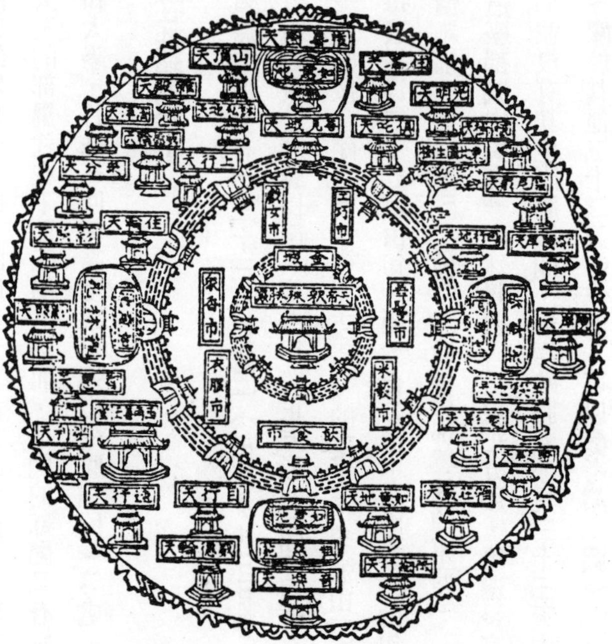

第九圖　三十三天居住的詳圖

第九圖是把第八圖圓內那座中央廣場詳細圖解出來。不過，這個圖是用圓來描畫，正確形狀是正方形的廣場。第八圖的粗黑線條表示帝釋天居住所在，算是殊勝殿，相當於此圖的中央，其他三十二天住在周圍，殊勝殿外有善見城，各佔相當場所。由上圖可知吃飯、衣服、米穀、戲女等名稱，那些表示都城裡有市場。

最上邊那個涼台，就是四大王（四天王）和他的親屬居住所在。四天王是指東方的持國天、南方的增長天、西方的廣目天、北方的多聞天（毗沙門天）。

四天王的部屬住在下面三層。然而，他們的部屬又有別處殖民地，例如持雙山等七座山脈，和太陽，月球（回轉高度跟須彌山中腹相同）等處。

帝釋天在殊勝殿——

在須彌山頂上有「三十三天住處」（Trāyas－trimśāh）。這個原字的音譯爲「忉利天」。須彌山頂是每邊長達八萬由旬的正方形。四個角落有四座山峰，高達五百由旬。那裡住有一名叫做金剛手（Vajra－pāni）的藥叉。須彌山頂上的中央有一座鄰城叫做「善見」。每邊長爲二千五百由旬，屬於正方形，高度有一由旬半。建築物是由黃金製成的，地面由爐羅綿（Tūlapicu）鋪的，那是彷彿雲綿的東西。

在這座都城中央有一座殊勝殿，呈現正方形，每邊長有二百五十由旬。靠各種寶石裝飾而成，並沒有其他附屬樓閣。這座殊勝殿才是三十三天中第一把交椅——帝釋天居住的地方。（關於其他三十二天的住處，可以參考第九圖）。

在都城四邊各有一塊遊苑地——名叫衆車（Caitra－ratha）、麤惡（Parusya）、相雜

（Misra）、歡喜（Nandana）。而這些名稱很可能來自建造者，或庭苑的樹木之名。例如，衆車就是乾闥婆神吉特拉拉達（Citra－ratha）所造的庫貝拉神的庭園。麤惡也許像沈香之類的樹木，而那座庭苑就是種植這種樹木。歡喜被一般人看作印德拉神的庭園。佛教的帝釋天，本來是婆羅門教的印德拉神。這四座遊苑地的四周各爲二十由旬，但在每一間隔都設有遊樂場所。

都城外面的東北角落，種有圓生樹，而西南角落有法善堂。圓生樹根深入五十由旬的地下，樹枝高達一百由旬，向空中伸展。樹的花香與葉香，會隨風飄到一百由旬，逆風時也達五十由旬。

慾望不斷的六慾天

上述四大王和他們的部屬，以及三十三天衆，都是住在地上，稱爲「地居天」。另外有「空居天」，表示住在空中。從須彌山頂往上延伸，有「夜摩天」（Yama）及其眷屬居住的空中宮殿（Vimana）。這也是正方形，每邊寬達八萬由旬，跟須彌山頂一樣寬，但沒有提到厚度。夜摩跟閻魔一樣，但他不在地獄，理由以後再說。

夜摩的天宮上面，有十六萬由旬，那裡有一座覩史多天（又叫兜率天　Tusita）居住的宮殿，從那裡再向上延伸三十二萬由旬的地方，便有「樂變化天」（Nirmana－rati）居住的天宮。從此再往上延伸六十四萬由旬，便有「他化自在天」（Paranirmita－vasavartin）居住的天宮。每邊寬、長跟夜摩天的天宮相同。

且說地上住有「四大王及其部屬」，和「三十三天」，加上空中居住四種天，共計六種天，雖然說天即是天神，事實上跟人類沒有太大差別，力氣也許稍微大些，但道德方面不太圓滿。

因爲他們還受制於慾望，才叫做六慾天。縱然如此，他們位居高處，也仍在修行。他們始終在愛慾的火焰控制下。地上之神的「四大王及其部屬」。和「三十三天」，都跟人類一樣，一定要靠性器官的接觸，才能熄滅强烈的慾火，唯一不同於人類的是，他們並沒有射精作用。

因爲洩風替代射精，才能使他們脫離悶熱苦惱。其次談到空中諸天，夜摩天只要輕輕擁抱對方，便能迅速脫離熱惱。覩史多天只要緊握對方的手，便能脫離熱惱。樂變化天靠著相互微笑，而他化自在天靠著面面相覷，也都能脫離熱惱。

雖然他們不必性交射精，只靠洩風，也照樣能生男育女。不過，生育方式跟人類大異其趣。『俱舍論』上說：「男女諸天。若在膝蓋上生下天童或天女……。」彷彿上位的天那樣成長出來的情狀。四大王及其部屬們出生情狀，即是五歲的樣子，三十三天是六歲的樣子，夜摩天是七歲的樣子，覩史多天是八歲的樣子，樂變化天是九歲的樣子，他化自在天是十歲的樣子，「全都迅速地」出生在膝蓋上。由此可見，每一位天都有妻兒，生活快樂，好像神仙一般。

3、禪定者的世界

「色即是空」的意思

以上談到天上、地上和地下的世界。到目前爲止，也許會發現這跟其他宗教的宇宙觀有不少相同之處。然而，禪定者的世界，還放在諸神世界之上，這一點恐怕是佛教與印度的特殊思想。以上所說的世界，統統叫做「慾界」，反之，禪定者的世界，卻由「色界」與「無色界」兩者形成的。

所謂色界，難免會使人聯想到色慾，或花街柳巷，也許有些男人愛尋花問柳，自然懂得那種地方。但是，佛教所說的「色」，決不會激發人類的色情，也毫無性慾色情概念。

它的原字是rūpa，意指「有形狀的東西」本質上會變化和壞滅，並佔有一定空間。因此，所謂色界者，就是「有形狀者居住的世界」。

所謂「色即是空」，倒非指「愛慾即空虛」的意思，而是指「有形體者即空虛或虛無」的意思。當然，愛慾亦屬於有形體者的現象，依然是虛無的。

所謂有形體，這項條件也跟上述的慾界相通。不過，談到色界時，並不包括慾界。所以，色界的衆生會脫離慾望，只有留下肉體。在那種世界裡，禪定者才能深入相當境界。不論佛教的僧侶，或一般人，只要對禪道有深厚的功力，照樣能深入比諸神更高的境界。

色界大體上分成四個階段。從下面往上數，就是初禪、二禪、三禪、四禪。所謂禪，即是dhyāna字的音譯，但可以意譯爲「靜慮」。「靜慮」一詞，在禪道方面含有兩種特性，即「寂靜」（心止）和「審慮」（注視東西）的表示。英文通常都很簡單地譯成「瞑想」（meditation）。

「離生喜樂」的境地——

初禪裡有三個天界。從下面算起，就是梵衆天、梵輔天、大梵天的世界。所謂梵衆天，乃是大梵天統治下的子民，而梵輔天（複數）是大梵天的大臣和官員。

梵衆天的世界，在慾界的最高世界——他化自在天是往上一百二十八萬由旬的地方。寬闊彷佛四洲（贍部洲、勝身洲、牛貨洲、倶盧洲）。如果說「跟四洲一樣」，未免說得太含糊，但也不妨這樣設想：「四洲是圓周上四點所成立的圓寬。」這樣一來，四洲的位置便會在鹽海中央，半徑有四十二萬八十六・五由旬。而圓面積也可想而知了。再者，他們的身高有半由旬。

梵輔天的世界，位在梵衆天世界上面二百五十六萬由旬之處。寬度跟梵衆天相同。那裡的衆生有一由旬的身高。倘若跟上述的人口（天口？）一樣，那麼，顯然有些瘦小的樣子。因爲他們都是官員，人數似乎不多。大梵天世界在梵輔天世界上面五百十二萬由旬之處，寬長跟梵輔天相同。大梵天的身高有一由旬半。

進入色界以後，初禪世界尚跟神話有關係。所謂梵天（Brahman），原來屬於婆羅門教的神，也曾經爬升到婆羅門教的最高神位，不過，當梵天的名稱放入佛教初禪裡，就不再表示神的意義，反而表示這位神的象徵，也就是「離慾」和「淨行」的意思。所謂「大梵天世界」，應該解作修行人藉著禪境脫離慾界，而那個世界具足跟大梵天相等的一切德行。

初禪的諸天，還無法止熄心的作用（「有尋有伺」），但卻能夠體驗到一種離開慾界的慾與惡事的清爽喜悅（即「離生喜樂」）。

「定生喜樂」跟「離喜妙樂」——

再說二禪和三禪也有三個天界。從下面算起，便是少光天世界、無量光天世界、極光淨天世界。每個世界都充滿那種象徵光明的德行。少光天世界位於大梵天世界的一千二十四萬由旬上面。

無量光天世界位於少光天世界的二千四十八萬由旬上面，而極光淨天世界位在無量光天世界的四千九十六萬由旬上面。它們的寬闊全部一樣，都是「一小千世界」。

一小世界是指一個寬大空間，包括整個慾界和部份色界（初禪），而「一小千世界」是指千的聚集之意。「一小千世界」是個很大空間，至於是否真能容納上述那麼大的空間，倒也很值得懷疑（第十圖）。

二禪的世界已經不是思索或探究心的情狀（即「無尋無伺」），只有生「定」以後的歡喜和快樂（即「定生喜樂」）。

三禪也有三個天界，從下面算起，計有少淨天世界、無量淨天世界和遍淨天世界。少淨天界的位置，在前面二禪的最上層——即極光淨天界的上邊八千一百九十二萬由旬之處

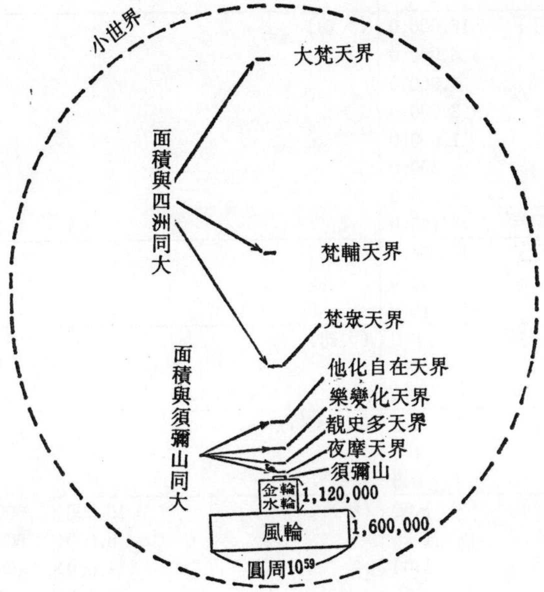

第十圖　一小千世界的構成圖

。無量淨天界位於少淨天界上面，一億六千三百八十四萬由旬之處。遍淨天界在無量淨天界上面，三億二千七百六十八萬由旬之處。它們的寬闊都跟中千世界一樣。所謂中千世界，就是聚集一千個小千世界。

三禪世界裡已經沒有喜或樂，惟因如此，才有真正的歡喜「妙樂」（即「離喜妙樂」）。「妙樂」這種快樂可能跟真理打成一片，也許相當於希臘哲學那種「心的平靜」（ataraxia），就是佛法所說的「寂靜」了。

上面談到初禪的三天，二禪

有情的身長		有情的壽命	
（由旬）	16,000.0	(大劫)	16,000.0
	8,000.0		8,000.0
	4,000.0		4,000.0
	2,000.0		2,000.0
	1,000.0		1,000.0
	500.0		500.0
	250.0		250.0
	125.0		125.0
（由旬）	64.0	(大劫)	64.0
	32.0		32.0
	16.0		16.0
（由旬）	8.0	(大劫)	8.0
	4.0		4.0
	2.0		2.0
（由旬）	1.5	(1/2大劫)	1.5
	1.0		1.0
	0.5		0.5
（closha）	1.50	(年)	16,000×1,600×30×12
	1.25		8,000× 800×30×12
	1.00		4,000× 400×30×12
	0.75		2,000× 200×30×12
（closha）	0.50	(年)	1,000×100×30×12
	0.25		500× 50×30×12
（肘）	32	(年)	1000
	16		500
	8		250
	4		∞～10
	不明		最大1中劫
	不明		500×30
	不明	(年)	500×30×12×（ 500× 50×30×12）
	不明		1,000×30×12×（ 1,000× 100×30×12）
	不明		2,000×30×12×（ 2,000× 200×30×12）
	不明		4,000×30×12×（ 4,000× 400×30×12）
	不明		8,000×30×12×（ 8,000× 800×30×12）
	不明		16,000×30×12×（16,000×1,600×30×12）
	不明		1/2中劫
	不明		1中劫

二、佛教的「地獄與天界」

				到金輪水面的距離	寬廣度
空居天	色界	四禪	色究竟天	(由旬)167,772,160,000	大千世界
			善見天	83,886,080,000	大千世界
			善現天	41,943,040,000	大千世界
			無熱天	20,971,520,000	大千世界
			無煩天	10,485,760,000	大千世界
			廣果天	5,242,880,000	大千世界
			福生天	2,621,440,000	大千世界
			無雲天	1,310,720,000	大千世界
		三禪	遍淨天	(由旬) 655,360,000	中千世界
			無量淨天	327,680,000	中千世界
			少淨天	163,840,000	中千世界
		二禪	極光淨天	(由旬) 81,920,000	小千世界
			無量光天	40,960,000	小千世界
			少光天	20,480,000	小千世界
		初禪	大梵天	(由旬) 10,240,000	四洲
			梵輔天	5,120,000	四洲
			梵衆天	2,560,000	四洲
	慾界	六慾天	他化自在天	(由旬) 1,280,000	(由旬) $80,000^2$
			樂變化天	640,000	$80,000^2$
			覩史多天	320,000	$80,000^2$
			夜摩天	160,000	$80,000^2$
地居天			三十三天	(由旬) 80,000	(由旬) $80,000^2$
			四大王衆天	40,000	(有種種的)
地上			俱盧洲	(由旬) 0	(由旬) $2,000^2$
			牛貨洲	0	$1,250\pi$
			勝身洲	0	約2,000,000
			贍部洲	0	約2,000,000
			傍　生	(由旬) 0	不明
地下			餓　鬼	500	不明
			等活地獄	(由旬) 1,000	(由旬) 不明
			黑繩地獄	不明	不明
			衆合地獄	不明	不明
			號叫地獄	不明	不明
			大叫地獄	不明	不明
			炎熱地獄	不明	不明
			大熱地獄	不明	不明
			無間地獄	20,000	$20,000^2$

第十一圖　關於色界與慾界的數表

的三天，三禪的三天，而每一種都具有「離生喜樂」、「定生喜樂」、「離喜妙樂」等特徵，因為初禪、二禪和三禪全都跟「樂」連貫起來，所以，以上可以總括起來，叫做「快樂的生起」（即「樂生」）。

色界不是到此為止。接著有四禪，那是一種超越苦與樂的境界（即「非苦非樂」）。這是由八個天界組成的，若到達這樣高的境界，其間的微妙差異，不是我們凡夫所能了解。因此，我在這裡只能列舉名稱，詳細內涵不妨留在專書來討論。那些名稱是這樣：「無雲天、福生天、廣果天、無煩天、無熱天、善現天、善見天、色究竟天。」其中，「色究竟天」是指色界最上面那層天。色界是有物質的世界，從梵衆天到色究竟天，每一座宮殿都能看見有肉體的天人出入。第十一圖所列舉的數字，概括慾界與色界有關的內容。

其次談到無色界。所謂無色界，意指沒有形狀（色，rūpa）的世界。只有精神存在。所以，無色界不能解作色界上面的存在。它超越「方處」，雖說屬於宇宙觀的一部份，但是，無色界的說明要完全拋棄空間概念。

色界是打坐或禪坐者的世界，反之，無色界是入定者的世界。我們開口閉口說到「禪定」，殊不知仔細說來，兩者也有微妙差別，那便是「禪」與「定」。誠如上述，禪是「

靜慮」；具有「寂靜」與「審慮」兩項要素，而「定」是「寂靜」這項要素擴大出來的狀態。

但就廣義上說，「定」是統一一切精神的意思，也包括禪在內。「定」是印度字Samādhi的意義，音譯爲「三摩地」與「三昧」。三昧是大小乘佛教（尤其是般若經典系統）一直都很重視的修行項目。

成佛以前的悉達多太子，出城去請教過阿羅羅仙人，而仙人指導的禪定，不外是四禪、空處、識處、無所有處，和非想非非想處。這些教義被攝入佛教裡，除了四禪以外，還有四項——空無邊處定、識無邊處定、無所有處定、非想非非想處定，合稱爲四無色定。談到四禪與四無色定時，那種「定」只是狹義的，而不能充分涵蓋「定」的精諦。

「定」的概念——

無色界是由四種世界形成的，旨在區別上述的四無色定。例如，進入空無邊處定以後，便進入空無邊處的世界。所謂「空無邊處定」就是切斷色界的一切想念，而進入無邊的空裡。當然，這方面的具體方法是：「應觀想身中的虛空，經常觀照身體爲空，如籠如甑」。這一來，便如『大智度論』所說，可以好好觀照無量無邊的空了。

四種「定」的概念非常微妙，本來，像我這個沒有修行的人，根本沒有資格解說那種極高境界的差異（那種境界超過贍部洲上方一千七百億由旬），不過，我仍想嘗試解說一下。那個理想所在是一個「絶對世界」、「我與宇宙合一的世界」、「沒有相對的世界」。站在修行人的立場上說，無異脫離狹窄的「我」，努力追求自由的境界。詳情留待以後再說，現在只想從自由的觀點，來探討四個階段的「定」。

談到色界這個問題時，我說過修行人會得到相當的自由。然而，那終究停在物質界而已。但在無色界裡，會從物質的枷鎖中得到自由，那麼，剩下來的是精神的完全自由。精神的完全自由，只有在排除一切思考對象時才能實現。因爲有了思考對象，才能掌握最後階段。在無色界的第一階段，爲了排除色界的物質思考對象，心一定要進入空虛的世界。這就是空無邊處定。

但若仔細一想，空虛到底是什麼呢？心就是想把空虛當作思考對象來掌握。一定得脫離這種狀態才行。

因此，要進入一種排除一切思考對象的世界，也就是只有心存在那個世界。這就是識無邊處了。那裡只有心，根本沒有思考對象存在。但若仔細一想，其間有一種思考：「排除一切思考對象」。一定要脫離這個思考才行。那麼，這要怎樣才好呢？其間不能有「完成了……」、「脱離低階段，爬升到高階段」或「得到……成果」之類的想法。這一來，就必須要進入「無所有」的世界。其實仔細一想，所謂「無所有」的想法，就是擁有「無所有」這種狀況的想法。也要脱離這種情況才行，因此，便進入「非想非非想處」了。

非想就是「不想」，而所謂「不想」，就是想「不想」，同時否定這種非想即是非非想。當時有人把這看作最高階段，或最高境界。倘若應用以前的論理來推敲，那麼，這絕不能叫做最高階段，因爲，這套論理或推理能夠無限反覆下去。

進入不二法門

這裡不妨簡述一下維摩居士的故事，上述的自由之道跟絶對之道相同。『維摩經』算是很馳名的一部經典。日本的聖德太子曾經註釋過這部經，叫做『維摩義疏』而暢通一時。這部經的主人叫做維摩居士，雖然，他是在家信徒，但對於般若空的思想研究頗深，甚至超過出家衆的佛陀弟子。有一天，這位維摩居士就跟一群佛弟子討論「入不二法門」的問題。

所謂不二者，就是否定所有相對或對立的概念。只有那樣才能出現真理。現在討論的非想非非想也是不二之一。想與非想這種對立概念統統都被否定了。『般若心經』有一句話：「不生不滅」、「不垢不淨」、「無無明亦無無明盡」也全都是這樣。這種思考方法類似辯證法，因爲它也採用正反合的形式。所謂入不二法門，就是能夠體悟或理解這項不二的教法（法門）。

首先，有一位菩薩說：「許多賢者認爲事物有生有滅，但是，事物原本沒有生，故也沒有滅。這一來，只要了解事物不生，便能獲得心的寂靜，這叫做入不二法門。」接著，諸位菩薩輪流發言。紛紛否定淨與不淨、善與不善、生死與涅槃等互相對立的兩種概念了。當這群菩薩發言完畢時，他們便催促文殊師利說話了。只聽文殊師利說：

「依我看來，萬事萬物都無言無說、無示無識，離開一切問答，便叫入不二法門了。」

文殊師利不愧爲有智慧的大菩薩，他這句話便壓倒了其他菩薩們的話。所以，他反問維摩居士：「大家都發表過意見了，現在輪到你啦，入不二法門到底是怎麼個情況呢？」不料，維摩居士默默不語，文殊師利感嘆地說：「好極了，好極了，既無文字，也無言語，這才是真正入不二法門。」

婆羅門教的「梵我一如」——

不二即是絕對（佛教寫成絕待）思想。在佛教裡，凡是真實的東西，便是絕對的東西，而相對的東西即是假的存在，不真實存在。爲何要這樣想呢？原來，佛教認爲世間是苦惱的，才依據這個出發點來找尋苦惱的解脱法。依他們看來，苦惱的原因，可在世間相對存在性裡找得到。

換句話說，因爲有「我」與「非我」，才會生出苦惱。「我」是由於「非我」才有苦惱。這樣可惡的相對性世界，照理説不是真實世界。在已經没有相對性的世界，亦即一個絕對的世界裡是不會苦惱的。惟有那個才是真實的世界。

因此，佛教費盡心機去追求「絕對」到底是什麼樣的情狀？依照佛教的觀點説，世俗所謂的「絕對」，屬於極低級的概念。那麼，跟它相反的「絕對」便不是真正的「絕對」了。可是一般人不太注意這一點。

「絕對之神」是什麼？若説他是「萬物之上的存在」，那麼，他也不是「絕對之神」，而是跟「萬物」對立的「相對之神」。真正的「絕對之神」是我們自己。這樣一來，佛教思想便成了汎神論。

若套用婆羅門教的話說，就是「梵我一如」，梵指所有宇宙，我是指根本的自我，這兩者其實是一個存在。有人以爲「我」跟一切宇宙屬於不同的存在，那是由於迷惑而生出的我，一直執著於自己任意造成的見解所使然。

理想的無念無想——

剛剛提起婆羅門教的話，殊不知不二的絶對思想不是佛教獨有的東西。追根究柢，這股思想淵源於婆羅門教的聖典「奧義書」。毋寧說，這才是不二思想的本家。奧義書上有一句名言是：「neti,neti」。

亞玖尼基阿仙人告訴妻子麥特雷說：

「談到相對的存在時，其間一項是看見他，一項是嗅出他，一項是嚐到他，一項是說到他，一項是聽到他，一項是想到他，一項是觸到他，一項是認識他。雖因他的存在，一切變成我時，其間，他要靠什麼才能看到誰，他要靠什麼才能嗅到誰，他要靠什麼才能嚐到誰，他要靠什麼才能說到誰，他要靠什麼才能聽到誰，他要靠什麼才能想到誰，他要靠什麼才能摸到誰，他要靠什麼才能認識誰，他要靠這些才能認識一切，要靠什麼才得認識諸如此類的情形，這個我只能說『非也，非也』。他是不可捉摸的，因爲他不會讓人逮捕得到。他是不可壞的，因爲他不會讓人破壞。他是無染著的，因爲他不會讓人染著。他既不會被人束縛，也不會被人動搖，亦不會被人毀損。啊，認識者要靠什麼才得到認識呢？麥特雷呵，妳早已能夠承受這種指授，啊，不死其實就像這種情形。」

說完後，這位仙人便出去遊行了。

凡把「絕對」看作理想的人，盡可能遠離多樣性才好。在精神方面，他們的理想不外有無念無想，或無分別（停止識別作用）。我們不妨把精神狀況分成覺醒、夢眠、熟睡等三個時辰來思考，這樣一來，覺醒時候的精神狀況近乎最恍惚。因爲那時的精神關係著最多樣性世界。在夢眠時，這種多樣性便減少了。熟睡時的精神狀態，顯然沒有多樣性。雖然沒有多樣性，殊不知此時才能真正顯示精神的真貌與實在。

印度瑜伽與精神統一

依我看來，這是一種極非歐洲式的思考法。歐洲文明的態度是，把事情看清楚才可能接近真實，不然，便是思想混濁，什麼都不認識，等於白癡。然而，印度的夢眠與覺醒兩種時辰的意義，對我們卻有某種教訓。

世人往往在漫長的一生結束之際，忍不住嘆說：「人生如夢」。事實也許這樣，一般

第十一圖　瞑想後的神官像

人也許在臨終之際才有這種認知也說不定。

我們在夢中不論發生什麼事，也絕不懷疑它的真實性。一旦大夢清醒，回憶夢中諸事，便會懷疑夢境多麼矛盾。多麼不可能！例如，我現在處在某種場合，但在另一瞬息間又到了另一個完全無關的場合。再如我正在跟某甲談話，誰知跟我談話的某甲，不知不覺又成了某乙。但是，我卻毫不在乎地繼續說同樣的話，也根本不會懷疑。不料，醒來一看，始知那個世界完全是虛妄，什麼都沒有。

且說我現在清醒著，一切作爲都井井有序，沒有任何疑心，都很真實的。只會覺得夢中世界就是那個樣子，只有醒來所接觸的世界，才是嚴肅實際的世界。那麼，夢中世界難道是一種騙局嗎？在夢中世界裡，我卻一點兒也不疑心。現在處在清醒時刻，豈非重蹈覆轍嗎？清醒時刻不是超過或欺騙夢眠的時刻嗎？豈非只有死亡才是真正的覺醒嗎？

所謂三昧或精神統一，乃是純印度式的東西。所謂瑜伽（yoga），其實也屬於三昧與禪等同一種傳統。至於這些傳統起源於何處？卻很難正本清源或追根到底。不過，遠在紀元前兩千三百年左右，在印度河流域有過高度文明，從那些發掘出來的遺物裡，有一座瞑想的神官（？）像。乍見下，半閉眼睛，好像進入三昧的樣子。右肩裸露，這種穿衣方式跟後代佛教徒偏袒右肩一模一樣。

但話又說回來，印度河文明興盛時期跟新宗教及奧義書全盛時代之間，約有兩千年的差距。新宗教發生的舞台不在印度河流域，而在恒河流域。

但是，一尊神官像能不能把兩千年歲月和兩千公里的距離聯繫得起來呢？也是一項未知數，所以，這事也值得深思。

三、極大世界與極小世界

1、三千大世界

「傍生」與「鬼」居住的世界—

若要掌握佛教的宇宙觀，就一定要明白「三千大千世界」這個概念。首先，必須了解「一世界」的意義。漢譯『俱舍論』有一句話：「鐵圍山圍繞一世界」。這表示一世界水平方向的界限。雖然不清楚垂直方向的界限，它的下面卻好像從風輪，直到上面色界中的初禪為止。所謂初禪，即是梵天世界，最高之神的梵天世界，似乎成了「一世界」的上限。只有其他禪定者和佛，才住在「一世界」以外的地方。

但在一世界裡，包括前所未言的「傍生」（畜生）與「鬼」（餓鬼）兩種存在。「傍生」指動物，因為在地面行走才這樣命名。依照『俱舍論』上說：「傍生居住水、陸、空，不過原來都住在大海裡，後來才遷移到陸地和空中。」這項想法也符合現代的進化論，不會相互矛盾。

「鬼」是指亡靈（死人）。原字是印度的Preta，意指「離去的人」（The departed

person）。漢字的「鬼」也意味著亡魂或死人之魂。所以，「鬼」是單指死人，而死人不一定在挨餓，通常所謂亡靈只表示悲慘境界，之後才加上「餓」字。

餓鬼的住處在贍部洲下面五百由旬的地方。這是一群亡靈原來的住處（本處）。然而，亡靈有兩類，即有德行與無德行，前者在園林或樹上過著快樂生活，有時離開陸地，到空中的宮殿去遨遊。無德行的亡靈一定要住在糞坑裡，飽嚐飢餓苦惱。這群亡靈的典型樣子，便是腹部腫脹得像山谷，咽喉如細針。換句話說，肚子餓想吃東西，因爲咽喉太小，吞不下食物，才永遠處在飢餓狀態。

另外，有些亡靈會口吐火焰，飛蛾撲入給他們當食物，有些亡靈專吃糞便、鼻涕、膿水和洗淨器的附著物。我們平時罵孩子們：「餓鬼」，那是因爲他們太飢餓，吃起來狠吞虎嚥的樣子（第十二圖）。餓鬼界的主宰者是閻摩王，關於閻摩王的情狀留待以後再說。

第十二圖　餓鬼圖

上述地獄、餓鬼、畜生、人間和天界

等五種境界，合稱爲「五趣」。然而，除了『倶舍論』以外，別的經典加上「阿修羅」，便稱爲「六道」了。後來，佛教界較少談五趣，反而比較常説六道，六道也就比較流行了。在此，不妨簡述一下「阿修羅」。

為何阿修羅是惡神呢？

阿修羅（asura, a'sura）位於「人間」下面和「畜生」上面。他們的能力在人間之上，可與「天」匹敵。他們的存在和力量多半用在惡的方面。實際上，印度教也提到阿修羅跟天神抗爭不停的故事，曾有一部著名詩劇描述多佚夏塔王接受諸神的央求，毅然去遠征阿修羅。

其實，早期的阿修羅這個字並不意味一種邪惡的存在。祆教（拜火教）的ahura跟阿修羅asura同一個字源，意指一位具有神秘力量的神。asu解作「氣息」（breath）。asura是精神存在。因此，帝釋天與水天都叫做asura。至於歷經何種過程才變成這種結果呢？就印度方面來説，asura這個字最後就等於惡魔之神了。

由此可見，當asura成了惡魔時，字義的解釋也有了變化。似乎被看作否定，接著，只剩下一個問題，即到底否定什麼呢？所謂「非天」、「非酒」、「非歡樂」。事實上，

sura的部份表示天、酒或歡樂等語言，以及無法想像的事情。不過，其中以「非天」最適合asura的字義解釋。它意味「天」，但也有「非天」的意思。彷彿日本德川期間有一個「非人」的字眼，它固然指人而言，不可否認地也似乎有不像人類之人的意思。

阿修羅的住家在須彌山周邊的大海裡。比較著名的阿修羅王是羅睺羅·阿修羅王。依據『長阿含』解說，這個阿修羅asura住在須彌山北邊，大海底下，擁有寬闊八萬由旬的都城。經過測量的結果是須彌山北邊的海寬，即是都城的寬闊。這座都城裡有小城、講堂和園林等設置。但是，羅睺羅·阿修羅卻不能到自己頭上三十三天，和太陽月亮等處來去自如。據說他跟帝釋天爭鬥不休……。

依據其他經典上說，羅睺羅·阿修羅一直想看天女，才離開海底住處，爬到須彌山上，奈因陽光讓他頭暈眼花，無法目睹天女的芳容，便用右手覆蓋太陽。這就是日蝕，如果遮覆月亮，便是月蝕。

十億世界聚集成大千世界──

在上述五趣或六道裡，如果加上一個太陽、一個月亮和星辰的話，大體上可以組成一個世界。若一個世界包括一個太陽和一個月亮，那麼，用現代的術語說，那個世界便彷彿太陽系了。

聚集一千個世界，便叫小千世界。所謂小千，即是一千。若用現代的術語說，小千世界豈非如銀河系嗎？

如果聚集一千個小千世界，便成爲中千世界。中千可說是二千（dvi－sāhasra）。但諸位可不要誤會這個二千，並不是二○○○，而是一○○○的平方，結果等於一百萬個世界，而不是二○○○個世界。

如果聚集一千個中千世界，便形成一個大千世界。大千是三千（tri－sāhasra），這也跟上述情狀一樣，三千不是指三○○○，而是表示一○○○的立方。結果等於十億個世界。大千世界也叫做三千大千世界，它的意思也許說「三千即大千」個世界！三千大千世界同時消滅和生成，反覆這樣即是命運共同體。

那麼，在三千大千世界以外，有露出的色界——二、三、四禪天界，和上面的無色界，這些是否超越空間與時間呢？看來不一定如此。色界的二、三、四禪天界也相當寬闊。往在那裡的有情衆生也有壽命。至於無色界又是如何呢？無色界並不寬闊，超越空間，但不超越時間。因爲無色界的有情衆生也有壽命。

到底這種露出的世界有多少個呢？依據『俱舍論』上說，好像僅有一個，但依其他經典記載，卻不是這樣。換句話說，小千世界只包括一千個太陽到一千個梵天界，到了中千世界時，就包括百萬個太陽到百萬個梵天界，和一千個二禪天界。到了大千世界時，就會有十億個太陽到十億個梵天界，百萬個二禪天界，以及一千個三禪天界。

佛住在那裡呢？

有人會問佛到底住在哪裡呢？「佛國土」在哪兒呢？其實，『俱舍論』（小乘）的宇宙論，並沒有談到「佛國土」。那是大乘佛教導引出來的另一種觀念。那麼，『俱舍論』的宇宙論說佛住在哪裡呢？好像在無色界的再上面。如果察閱古代的須彌山圖，便會發現圖裡描畫的佛在無色界上邊。

其實，正確的地點應該跟無色界一樣，佛的世界也超越空間。

若把上述慾界、色界和無色界綜合起來，便叫做「三有」或「三界」。總之，那就是有情衆生生存的三種世界。在常用成語裡，所謂「三界」者，意謂「整個宇宙」也。例如「三界無家」。

依據『法經』上說，女人未婚前要從父，婚後要從夫，有了兒子要從子，真是標準「三從」四德。沒錯，『法華經』認定女人也有能力自行解脫，且不亞於男人。然而在解脫之前，也非變成男人樣子不可。

三界的最高級是非想非非想處。這個境界位於頂天（即「有」）的地方，因此，大家把「非想非非想處天」叫做有頂天。雖然，大家習慣把「有頂天」解作「得意極了」，殊不知要到「有頂天」的境界極不容易，這個形容詞反而成了一句諺語。

佛在三界的頂峰，也就是到「有頂天」上（這個「天」字不是指sky，而是意味god），再越過三界，才離開流轉世界。

佛這個字本是印度buddha字的音譯，意謂「覺者」。凡是已經覺悟的人，便是覺者。若想開悟並沒那麼容易。俗人常說死了便能成佛，其實，只有死不可能成佛。反而會輾轉到地獄或餓鬼世界去。

基督教也會談到人死上天國的事，例如，近年來有些母親告訴孩子，父親車禍死了便上天國，然而孩子做了惡夢，戰戰兢兢，才想起父親沒有在天國。光是死了不可能到天國。不論開悟或上天國，一定要有相當的善行，和虔誠的信仰。

這個佛能夠救度世間的迷惑衆生，他之所以能夠示現人間，是因爲他曾在前世發過誓願，逐漸修行出來的結果。有人說每一世界會出現一位佛（三千大千世界有一位佛）。印度那位釋迦牟尼佛也是其中一位佛。

2、物質的根源：四大與極微

最微細的物質——

宇宙論與原子論在現代科學裡可以相提並論，同樣地，在佛教裡，元素說及原子說，也可跟三千大千世界說相提並論。在解釋極大世界這個問題時，不妨先說明一下極微世界，兩者應該不分彼此。然而，三千大千世界的說法，主要來自『俱舍論』的「分別世品」這一章，反之，元素說及原子說卻出在『俱舍論』的「分別界品」這一章。三千大千世界的說法在輪迴思想的基盤上開展出來，反之，元素說與原子說恐怕來自不同的起源。現在，我要用「大毘婆沙論」來補充說明『俱舍論』的觀點。

依照元素說，佛教主張一切物質都由地、水、火、風等四項元素組成的，而這四項元素在佛教稱爲四大或四大種。「大」的意思，幾乎是一切存在的基礎，重要性非同小可。

這四項元素各有不同特質與活動能力，我把它們的關係用圖來表示。諸位不妨參考下面的說明：

元素	性質（性）	活動（業）
地……	堅	……持
水……	濕	……攝
火……	暖	……熟
風……	動	……長

從以上圖示裡。可知關於地、水、火的性質與活動解說得還蠻貼體，惟獨對於風的活動解作「讓它成長」，就不易讓人明白了。風是由空氣組成的，只要一想到呼吸作用，自然能領悟呼吸的確能讓生物成長，至少能讓生物活得下去。

談到元素，便要涉及原子。佛經叫它極微（Paramānu）（元素說與原子說必須要區別），極微是：「最小的物質，既不能切開，也不能毀壞，甚至也無法抓取。不是長也不是短，既非方形，也非圓形。既無法分析，亦無法目睹，既聽不到，也摸不著。極微的原字是Parama－anu，意謂「最細微的東西」，在極微的說明裡，它的用字相當於希臘的a－tom（不能分析）這個字。

每個極微都没有變化，也不會佔有空間（變礙），但似乎有一種性質——聚集多數。不過極微是絶對無法單獨存在，經常會以聚集形式表現自己的存在。

四大構成極微——

極微與四大的關係非比尋常，四大聚集才有極微存在，所有地水火風，都包含在一個極微裡。極微總是一種物質性存在，而元素也許像能源之類的東西。每一個極微裡都含有地水火風，但没有呈現均等結果。所以，極微也有不同種類。

所謂地大、水大、火大和風大。並不是原原本本呈現在我們眼前的地、水、火和風等現象。這些都「無見有對」，換句話説，它們都是看不見，卻佔有空間的現象。這四大構成極微，由於極微聚集多數之後，我們才能目睹和感受，也才能生起地、水、火、風和其他形形色色的東西。

這樣産生的各種東西，便有堅硬、柔軟、濕性和暖性之别。原子含有這些性質，有些含量特别多。還有一種解説是，任何東西的四項元素，都混合得很平均，如果其間含有某種元素的量特别多，那麼，這種元素性質便等於該件物體的性質。

有人認爲四大本身也有不同種類。依他們看，眼睛所感受的世界有四大，耳朵所感受

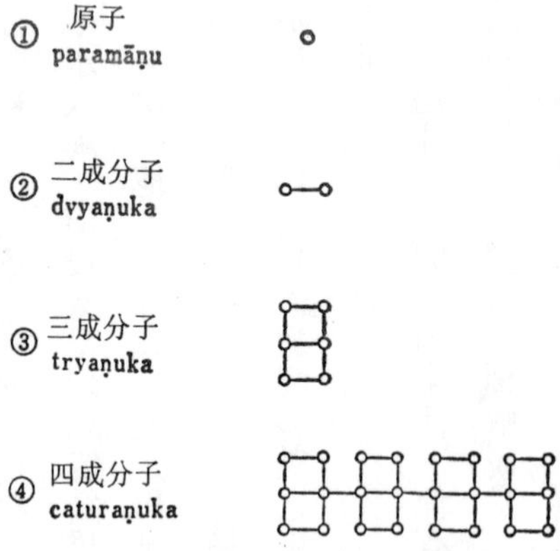

第十三圖　原子與分子的構造

的世界也有四大，諸如此類的四大有十一組之多。

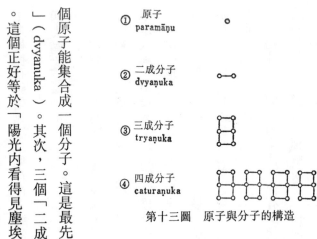

極微聚集才形成物質，其初步過程是七極微↓一微塵。在七個極微裡，便有一個核，其他六個並排在它的上下四方。在印度，除了佛教以外，尚有人主張原子說，例如，婆羅門系統的哲學裡，便有一種梵休西卡哲學，表示物體係由原子組成，其過程簡述於下：

最小的東西絕不是無限小，若是無限小的話，那麼，須彌山和芥子粒也都是由無限小的原子組成，結果，兩者的大小便相等了。原子的大小等於「陽光內看得見塵埃」（trasarenu）的六分之一。兩個原子能集合成一個分子。這是最先的複合體，由兩個原子組成的粒子，叫做「二成分子」（dvyanuka）。其次，三個「二成分子」集合時，便能成就「三成分子」（tryanuka）。這個正好等於「陽光內看得見塵埃」的大小。由四個「三成分子」集合起來，便能成就「四分分子」（第十三圖）。這一來，便能逐斷形成較大的粒子，而我們所能知覺的各種物體便先後出現了。這些過程全靠一種叫做「不可見力」（adrsta）時候的力量才能運作。（「二成分子」、「三成分子」、「四成分子」等均是本書作者的譯語，並非佛經上名詞）。

四項元素加上「空」，就成爲五大。從此以後才一直流行五大的論調。同時，五大也

五處	五形	五字	五大
頭頂…（扁桃型）	團…	kha〔虛空〕……………（kiya）	空
眉間…	月…	h (etva)〔原因〕………（ka）	風
胸……	三角…	r (aja)〔塵介〕………（ra）	火
臍……	圓…	v (aktva)〔言葉〕……（ua）	水
膝……	方…	a (nutpāda)〔不生〕…（pa）	地

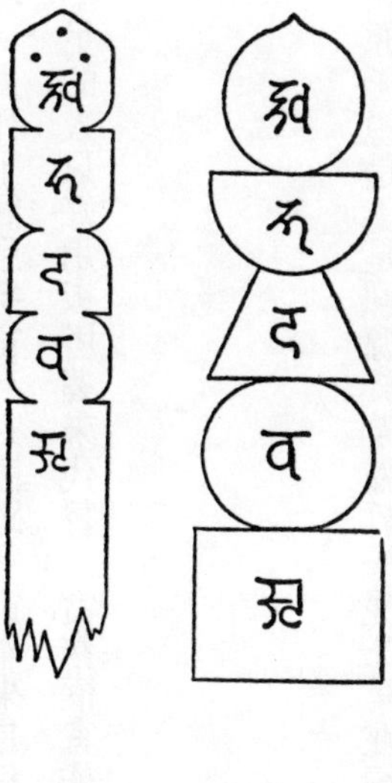

第十四圖　五輪塔（右）與板塔婆

透過密教的傳播和强調，就象徵宇宙的本質。因爲它跟中國五行說很類似，所以，我用下表來做一比較。

這種造形表現等於石頭堆成的五輪塔。人死了回到宇宙。人體跟宇宙本來是相同的。因此，墳墓前建造五輪塔。但是，財力不足的人只好用板塔婆來代替，當作權宜佈置（第十四圖）。

希臘的元素說——

我不時在尋思，像印度這種元素說與原子說是不是淵源於希臘哲學呢？早在紀元前五世紀，希臘的艾配德庫雷斯便已經倡導地、水、火、風等四項元素說。在同一時期，還有一位德摩庫利特斯也提倡原子說。紀元前四世紀，哲學家亞里士多德接受元素說，討論八十八頁圖式的內容。

那麼，印度的元素說與原子說從何時開始的呢？

依據佛經記載，跟釋迦同一時代（紀元前五、六世紀），就有外道阿西達、巴古達等人倡導元素說了。阿西達說：

「只有地水火風四項元素是真正實在，和獨立常住。人類是由這四種元素組成，人死了，那麼，組成人體的地，便回歸到外界地面的聚合裡，水也回歸水的聚合，火回歸到火的聚合，風回歸到風的聚合裡，各個器官的能力歸入虛空裡。」

巴古達建立七項要素說，除了地水火風以外，還加上苦、樂和生命三項，他說：「既無殺人者，也無被殺害者。既非用利劍斬斷頭顱，也非藉此奪走誰或幾個人的生命。這些只是用劍刃通過七項要素的間隙而已。」（摘自中村元『印度思想史』岩波書店）

由此可見，在元素說方面，印度顯然比希臘更前進一些。然而，佛經乃是經過長年累月才完成的，況且寫成固定文字以前，也加添無數的新資料進去。

倘若現在認爲有問題的佛經——包括梵休西卡學派的文獻——是在紀元前四世紀以後才固定起來的話。

那麼，元素說是從希臘傳到印度的推測也不無可能了。

以下圖式是亞理士多德與梵休西卡學派等兩種討論內容。若跟以上的佛教圖式做一比較的話，不難發現彼此都很類似。縱使有一項目略有不同，但整個發想點幾乎可說循著一條軌道上走。

亞理士多德

	（感覺）	（運動）	（觸覺）
地	觸	下降	冷‧乾
水	視	中間	冷‧濕
火	嗅	上昇	熱‧乾
風	聽	中間	熱‧濕

梵休西卡哲學

	（色）	（業）	（觸）
地	色味香觸‧	重體	不熱不冷
水	色味觸‧	重體	冷
火	色觸‧	上昇	熱
風	觸‧	水平	不熱不冷

（旁邊圓點是代表性質）

除地水火風四項元素外，又加上「空」，便成爲五項元素(五大種說)。德摩庫利特斯也曾經考慮到「空間」，它不是一種元素特質的存在，而是以四項元素爲活動場的特質而存在。在印度，「空」也被視爲元素之一。

其實，把「空」跟地水火風並駕排列，似乎不太合理。就這方面來說，我想印度人模仿希臘哲學而產生誤解的可能性，不能完全排除。

四、佛教宇宙觀的基礎

1、時間與人生

剎那是七十五分之一秒——

佛教思想通常被人染上厭世的色彩。依我看，佛教對於時間的看法表現得最明顯。輪迴不息的生死，讓人覺得無可奈何，縱使受不了，但也逃不掉。因此，我想談談這種特殊思想，首先，我要探討時間單位與生活上的時間問題。

時間單位要從小的部份開始。

剎那	ksana		（$\frac{1}{75}$秒）
怛剎那	tat - ksana	〔一百二十剎那〕	（$1\frac{3}{5}$秒）
臘縛	lava	〔六十怛剎那〕	（1分36秒）
須臾	muhūrta	〔三十臘縛〕	（48分）
晝夜	aho - rātra	〔三十須臾〕	

月　māsa　〔三十晝夜〕

年　saṃvatsara　〔十二個月〕

（）括弧内的時間，係以晝夜爲基準，而倒算出來的數字。總之，須臾大致上相當於小時，臘縛相當於分鐘，而怛剎那就相當於秒鐘了。剎那通常用不上，那是極微小的時間單位。

關於剎那這段時間的最小單位，也有另一種說明。所謂剎那是：「諸緣和合時，僅得法自體的期間」，說得明白些，就是各項條件齊備，產生某種存在的時間。

『大毗婆沙論』也有一段解說：「兩個成年漢子拚命拉住幾條卡西產的絲線。另一個漢子拿出一把中國產的鋼刀，一口氣砍斷它時，每砍斷一條要經過六十四剎那。」因爲卡西產的絲線似乎非常微細，一把抓住，便有幾千幾百條。一口氣砍斷時，幾千幾百條要花盡六十四個數的剎那。就是它的經過。可見一剎那的時間相當短暫。

「劫」有多長呢？

再看晝夜的計算單位。月有三十晝夜（「晝夜」的意思比我們所說的「日」還要正確），其實也有月份僅足二十九晝夜。印度人知道一個月實際上有二十九日半。依據現代天文學的研究，獲悉朔望月，也就是從滿月到滿月的精確時間，平均爲二十九日十二時辰四十四分又二·八秒。

一年就是這些月份，累積成十二之數。

$$30 \times 6 + 29 \times 6 = 354$$

一年爲三百五十四日。

『俱舍論』對於時間的說明還鑾正確，單位的解說已如上述，除此以外，又補充幾項巨大單位。例如劫（Kalpa）。劫（劫波）是音譯，意譯爲「大時」。

那麼，一劫到底有多長呢?太長了，長得無法用年來計算。下圍棋有所謂「劫」，例如兩人下圍棋，有時用同樣的石子互相爭戰，無止盡交纏下去，便會起麻煩，於是，雙方都要接受一項規則，那就是A打出去的石子，不允許B立刻接住。倘若不這樣規定，圍棋便會永遠持續下去，没完没了。

再說一劫到底有多長時間呢?佛經用譬喻來說明。如果用芥子劫這則譬喻，那麼，假定有一座立方體的城市，每邊長有一由旬，城裡裝滿芥子粒，而每一百年才取出一顆芥子，等到所有芥子都拿光了，也還不到一劫。再看一則磐石劫的譬喻，假定有一個堅硬的立方體大石頭，每邊長有一由旬，今用卡西產的棉製拂塵，每一百年才拂一次，直到石頭磨滅或消滅，還在持續拂下去的話，也還不到一劫。

「離阿含」也有一則譬喻，卻用極輕薄的天衣，來代替棉製拂塵。由此可見，一劫的時間好像長得不得了，但若比起大劫與六十四轉大劫的話，那是小巫見大巫，只是爲時極短的時間而已。

所謂大劫（mahākalpa），就是八十個劫聚集起來。除了大劫，還有通常所謂小劫與中劫（兩者都是antarakalpa 的譯語）。如果提到大劫與中劫遙遙相對，那也不表示一定有小劫存在。還有一種六十四轉大劫，就是指大劫由六十四個劫聚合而成，詳細內容留待以下再說。

由此可知大劫的時間長得不得了，而六十四轉大劫就更加長久了。但這也沒什麼稀奇，因爲這樣漫長的時間跟更長的時間相比，便顯得微不足道，簡直像微塵一樣了，這叫做「三阿僧祇劫」。所謂「阿僧祇」，就是一、十、百、千一直數下去，直到第六十次出現的數位名稱。那就是10^{59}。即十的五十九次方。阿僧祇（asamkhya）的意譯是「無數」，但也決非「無限數目」的意思。「三阿僧祇劫」是指3×10^{59}劫（要注意，這不是3×10^{59}的三乘劫）。這種劫雖然指大劫，有時也被當作中劫。那麼，爲何要探討這樣巨大又漫長的時間呢？有什麼意義呢？原因是，它表示佛的修行時間極長。

季節變化與曆法——

以上只談談時間單位。其間的日、月和年都跟大家的現實生活有密切關係，這些會強制規定大家的生活韻律。對佛教僧眾來說，六齋日（一個月六次精進日）和夏安居（雨季家居不外出）在宗教生活裡，算是很重要的項目。另外，他們要遵守那些曆法呢？

他們的曆法是太陰曆。一個月是滿月的開始與結尾。因此，一個月是從滿月到新月的前半，和新月起到滿月的後半。前半叫做黑分，也許這段期間的夜晚通常沒有月光（月亮是半夜以後才出來）。後半叫做白分，意謂這段時期的宵夜，也能看見天空的月亮。

一個月有兩次十五日，他們的日期有「黑分四日」，或「白分十五日」，但無所謂十六日或三十日。如果說得詳細些，黑分（前半）也有僅僅十四日的月份。這種月份合計前半與後半，便等於二十九日，所謂小月是也。小月與大月反覆交錯。因爲一朔望月約有二十九日半，所以，這是理所當然的結果。

月份名稱因緣於星宿名稱。假如某個月的滿月取自昴宿星團的話。那麼，這個月份便叫做「昴月」（kārttika）了。以前，也是根據某些月的週期變化，才導引出一套曆法。

但是，印度有印度式的季節變化。換句話說，那種週期變化根據太陽運動而來。佛教徒把這個季節分成三種——寒際、熱際和雨際。佛教徒以外的印度人有漸寒、盛寒、漸熱、盛熱、雨時與茂時等六種。

有些週期依據月亮，而有些依據太陽，兩者有什麼關係呢？這一點留在後面『大唐西域記』的資料來說明。如依據那段記載，那麼，最初的季節不是寒際，而是熱際。季節除了區分爲三個或六個以外，也有些還加上春夏秋冬的區分。不過，這種區分恐怕不適合印度的現實，而且實際上能不能用也很令人懷疑。這段記述跟唐朝曆法也有些關連。現在，我把這些列表於下頁。

此外，我們想知道印度的月份跟我們的太陽曆有什麼關係呢？也許印度曆法參考唐曆而來也說不定，不過，『俱舍論』下列一段話，也未嘗不是一項端倪。

「從雨時第二月後的第九天開始，夜便長了起來。」

所謂「雨時第二月」，就是表上第六號的婆羅鉢陀月。所謂「後第九日」，即是白分第九日。如果用我們的數法來說，便是婆羅鉢陀月的二十三日。所謂「夜長了起來」，大致上說，應該是秋分過後的開始現象。所以，印度的第六月二十三日，相當於我們的九月二十三日。讀者不妨參照第十五圖，那是以上述情形做基準，再加上我們的格雷果里曆。

三時	六時（rtu）	四時		唐		格雷果里曆
				一月		
熱際 grisma	漸熱 vasanta	春		二月		4
				三月		5
	盛熱 grisma			四月		6
		夏		五月		7
雨際 varsa	雨時 varsakala			六月		8
			白9	七月	秋分9月23日	9
	茂時 sarad	秋		八月		10
				九月		11
寒際 hemanta	漸寒 hemanta			十月		12
		冬		十一月		1
	盛寒 sisira			十二月		2
				一月		3

1	Caitra	制呾羅	黑	白
2	Vaisākha	吠舍佉	*黑	白
3	Jyaistha	逝瑟吒	黑	白
4	Āsādha	頞沙荼	*黑	白
5	Srāvana	室羅伐拏	黑	白
6	Bhādrapada	婆羅鉢陀	*黑	白
7	Asvayuja	頞濕縛庾闍	黑	白
8	Kārttikā	迦剌底迦	*黑	白
9	Mārgasiras	末伽始羅	黑	白
10	Pausa	報沙	*黑	白
11	Māgha	磨祛	黑	白
12	Phālguna	頗勒窶拏	*黑	白

有 * 記號只有14日

第十五圖　印度曆、唐曆與格雷果里曆的比較

太陰曆與太陽曆的分歧

乍見下，讀者會發現印度的月曆跟我們的月曆似乎有些差距，殊不知太陰曆就是將太陽曆在兩三年裡移動半個月到一個月後的結果。所以，『俱舍論』（五世紀）與玄奘的記述（七世紀），跟我們的曆數不完全一致，也許是理所當然。

那麼，佛教徒到底要怎樣面對太陽曆與太陰曆的差距或分歧呢？『俱舍論』和『大唐西域記』上面雖然没有說明，但也都提到閏月的事情。在他們的太陰曆裡，因爲認定十二個月（三百五十四日）反覆三次時，就會跟太陽曆差距一個月左右，所以，現在的制呾羅月即使放在熱際的開頭，無如，轉三次的制呾羅月，也會到達寒際的結尾。

但對於僧侶來說，爲了遵守宗教生活的韻律，也許他們才把純太陰曆放在優先也說不定。像布薩這項佛教的重大行事，都決定在滿月、新月及其中間的日期來進行。

月曆的月這個字叫做māsa，出自另一個字源mā，兩字都是印歐語系，也是相同字源。從事農耕的人當然不在話下，如果擔任宗教職務，在測量時間時，一定會考慮月這個耳熟能詳的標準尺度。

安居期一定要考慮季節變化，否則，便無法實行了。所謂安居的意思，就是在大雨傾盆的季節——三個月，住在一個地方閉門不出，這三個月的下雨期是從室羅伐拏月起到頞濕縛庾闍月爲止，或從婆羅鉢陀月起，到迦剌底迦月爲止（安居期有兩種，其所以如此，原因是當年的氣候，曆法與土地等條件造成不同狀況）。除了月份名稱會跟安居密切結合以外，佛教僧衆也會遵照印度通行的置閏法。

讀到這裡，大家也許有一個印象，曆法的沿革在佛教宇宙觀裡，竟有出乎意外的現實性。在佛教幻想式的宇宙觀裡，有時也混合若干實際的知識。那是因爲諸佛也不能脱離現實生活。

乍見下，大家會覺得這種知識跟輪迴思想，來自不同的地方。

2、宇宙的生成與消滅

宇宙不外四種變化的反覆不斷——

宇宙永遠反覆在變化，並以四個階段爲一週期。每一階段都有二十中劫（中劫跟單個

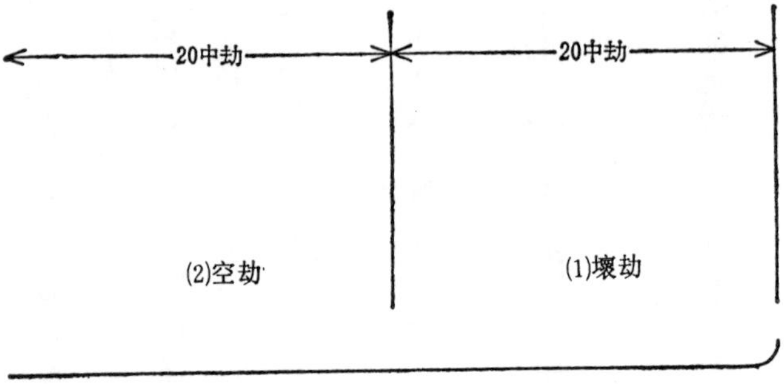

劫一樣），若把四階段列爲一週，便有八十中劫。所謂四階段者，就是消滅時期（壞劫），緊接消滅狀態的持續時期（空劫），生成時期（成劫），繼續存在的生成時期（住劫）。這一週始於壞劫，反正是印度式的。一個月從滿月開始算，循一個軌道在打轉。

在壞劫時期，宇宙是從地獄開始壞起。最先是地獄的生靈消失，完全沒有生靈存在時，那麼，便無所謂地獄這個地方了。接著，餓鬼、畜生等道也會發生同樣現象。其次輪到人間，其中一人投胎到初禪天界，藉著「誰生喜樂即是樂」的契機，大家才能進入三昧，投生到初禪天界。之後，諸天裡有一位投胎到二禪天界，藉著「定生喜樂即是樂」的契機，大家才能進入三昧裡，投生到二禪天界。

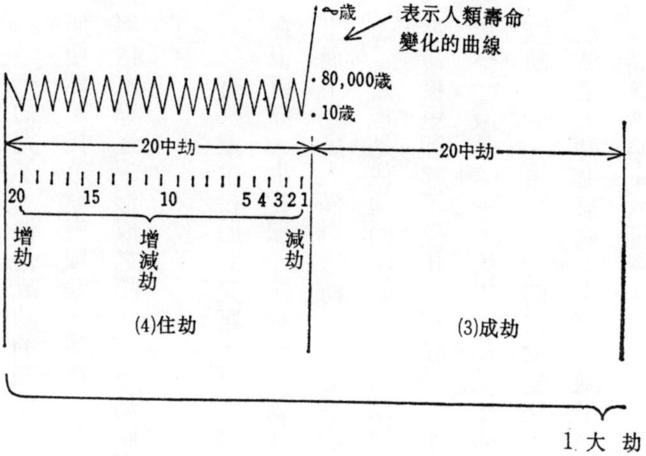

第十六圖　宇宙變化反覆不停，由四階段形成一週期

這樣一來，當早期造成世界的衆生業力完全消失時，就會出現七個太陽，把風輪、水輪、金輪、須彌山、四洲和梵宮燒得精光。梵宮是一座宮殿，位於初禪天界的最高處。

當地獄、餓鬼和畜生等道都消滅完畢，此時此刻，人間界的壞人也許會喜不自勝，以爲「現在幹什麼都不在乎了。反正下面的地獄、餓鬼和畜生等都沒有啦。」還有一些罪人目睹地獄正在消滅，也在暗喜自己的苦期會縮短了。然而，這是一場空歡喜。依照『俱舍論』的說法，有些地獄生靈還沒有受完果報的話，在業力的牽絆下，也會轉移到其他宇宙（恐怕是他所屬的三千世界以外的某個世界）的地獄去繼續承受報應，而不可能一筆勾消，逃離尚未受完的果報。

之後，還有二十中劫的空劫要持續下去。

空劫完了，便是成功的開始。先有細微的風在吹動，因爲受到各種有情之業的增上力所使然。接著就有風輪，然後有水輪、金輪、大地、四洲和須彌山等現象產生了。當宮殿與住處等逐一形成之際，在壞劫時來到二禪天界避難的芸芸衆生，便會投胎到下面的世界了。

有些衆生投胎到梵宮，有些轉世到更下面的他化自在天與樂變化天的地方，有些出生在俱盧洲、牛貨洲、勝身洲、贍部洲以及畜生、餓鬼、地獄等處。這一來，當有情衆生由上而下到處人滿爲患時，便算成劫終了。據悉在成劫之際，人類壽命是「無量」的。

之後是住劫的開始。在住劫期裡，只有成劫期生成的衆生能夠繼續存在。不過，人的壽命長短卻起了變化。在住劫二十中劫的第一中劫裡，最初「無量」的壽命最後只剩下十年（「減劫」）。第二中劫期，壽命反而開始延長到八萬年，之後下降到了十年（「增、減劫」）。第二中劫的壽命變化，從第三開始到第十九中劫，都是反覆狀態。在第十九中劫結束，壽命只剩下十年，到了第二十中劫便開始上昇，結束時便長達八萬年了（「增劫」請參考第十六圖）。

小三災與大三災

另一項住劫的特徵是「小三災」。所謂小三災，就是跟大三災相對的稱呼，意指刀疾飢三項災難。說得明白些，小三災是指戰爭、疫病和飢饉。在住劫時期，他們認爲必然有這些災禍發生。關於這個時期，通常有二種論調。一種是每個住劫（有二十中劫）的中劫裡，當人類的壽命僅有十歲可活時，三種災禍會持續發生。

先有戰爭的災禍連續七天七夜。戰禍一結束，便有七天七夜的流行病發生。之後，會連續七天七夜的飢荒，到處有人餓死。

另一種論調是，各個中劫只有一種災禍發生。換句話說，在第一中劫，受人類壽命只有十歲的時候，會發生流行病，到了第二中劫，當人類壽命僅有十歲時，會發生兵火之災，到了第三中劫，當人類壽命僅有十歲時，會發生大飢荒。以下都是這些災禍的反覆，而且也都長達七天七夜之久。若依據這種論調，那麼，我們現在似乎處在第九中劫的滅劫之際，因此才會有大飢荒的發生。

這樣一來，便算完成宇宙壞、空、成、住的一週，而這一週要費時八十中劫，故叫做一大劫（mahākalpa）。總之，一大劫總括成、住、壞、空等四劫，乃是一宇宙的始末。

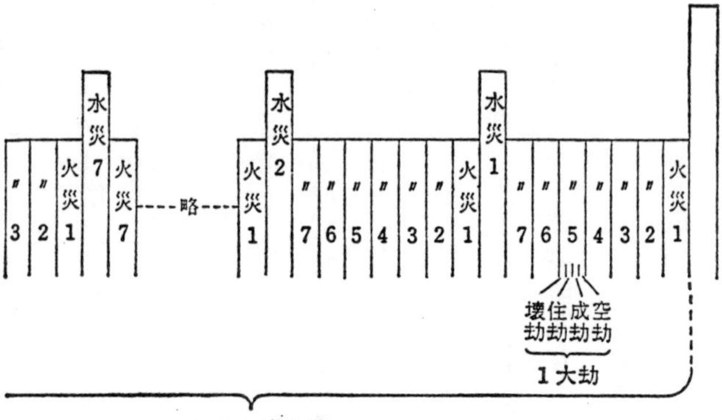

六十四轉大劫

一大劫裡，一生反覆消滅的世界，即是初禪天界以下的世界（即大梵天界以下）。那麼，爬上二禪天界以上的生物是否安全呢？答案是不安全。請諸位看看第十七圖。毀滅世界的三種災禍——火、水、風叫做大三災，每一大劫只有火災引發一生的毀滅。誠如上述，那種火災起因於七個太陽的强烈光芒。

然而，比火災更可怕的是水災，因爲水災多達七次，總之，一大劫經過七次，每當輪到下一次壞劫來臨便有水災，結果，迫使二禪天界以下逐次破滅。

不料，還有一種風災比水災更可怕。水災有七次，再反覆七次的火災，輪到下次壞劫來臨之際，竟會有這麼多災禍，才使三禪天界以趨於破滅。一週期的風災是六十四大劫，這個

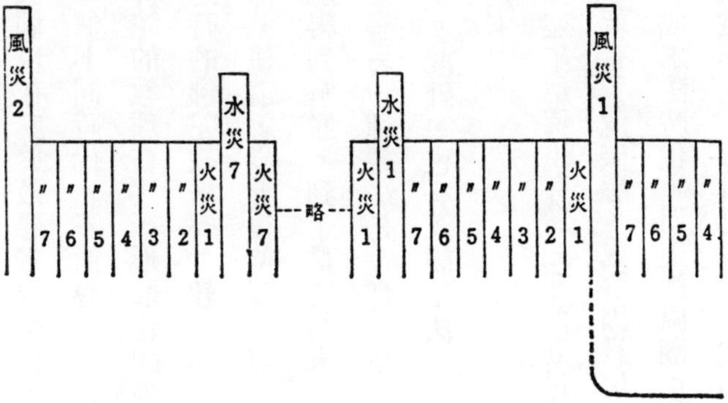

第十七圖　大三災與六十四轉大劫的關係

週期叫做六十四轉大劫。由此可見，三禪天界以下畢竟是破壞的對象。因此，只有爬登到四禪天界以上才能叫做安全。

佛教的末法思想與宇宙觀——

依照佛教宇宙觀的論述，現在人類的壽命活到一百歲，就會下降。變成人生僅有百歲的時代。照理說，人類的壽命以後會逐漸下降。這樣一來，我們活在不斷惡化的時代裡，而這種生存思想在古代是司空見慣的。印度婆羅門教認爲宇宙也有四個階段，即一劫有四時，永遠反覆不已，他們所謂四時是：⑴圓滿時（梵）相當於一百七十二萬八千年。⑵三分時（梵）相當於一百二十九萬六千年。⑶二分時（梵）相當於八十六萬四千年。⑷爭鬥時，相當於四十三萬二千年。據稱現在處於爭鬥時。

我們現在處於最惡劣的時代，也就是爭鬥時代。古希臘人也用金銀銅鐵當做象徵，來劃分四個不同時代。不消說，佛教的末法思想也呈現同樣的想法。如果依據這套論點時，可知佛陀的教理在逐漸形骸化的過程裡，也能分成三個時期（叫做三時）。第一爲正法時期，這時的佛陀教法（「教」），修行人的實踐（「行」），和解脱的獲得（「證」）等三項都上軌道，步調很整齊。第二爲像法時期，此時只有佛陀的教法和修行人的實踐，而不可能得到解脱。到了最後的末法時期，就僅存佛陀的教法而已，其他兩者都不見了。

但有另一種説法是，釋迦牟尼佛入滅後，正法爲五百年，像法爲一千年，末法是持續一萬年。此外，也有人說正法一千年，像法一千年，末法持續一萬年，真是衆説紛紛，莫衷一是。

釋迦牟尼佛生存於紀元前五世紀至四世紀，他的教法好像在他死後不久便開始衰微，佛教徒早就有了危機感，也許因爲這樣才出現上述的論調。大家接受這種論調，便以爲自己處在像法或末法時代，而這種風潮也曾經極盛一時。因爲他們自以爲進入末法時期，釋迦牟尼佛的入滅年代，跟自己生存年代的間隔，似乎很湊巧，致使三時的長短逐漸歸於定案了。

由此看來，我們生逢不斷惡化的時代，而宇宙的各種災禍接二連三地發生，這種想法給予佛教宇宙觀相當悲觀的色彩。然而，這才是佛教宇宙觀的基本特徵，惟因如此，這項宇宙觀才主張佛陀一定會出來拯救世間的衆生。

佛在一大劫只會出現一次—

佛的出現時期有一定的制限，而不會隨時隨地出現。那就是說，在住劫中的減劫時期，人類壽命從八萬年降到一百年之間。佛所以不會出現在增劫時期，原因是當時的衆生壽命逐漸延長，生逢繁榮盛世，沈迷於享樂，而無意聆聽佛的教理。到了減劫時期，人的壽命會從一百歲減少到十歲，此時佛也不會出現，因爲衆生太差勁，水準太低劣，根本沒有能力聽聞佛法了。

這種低劣時期叫做五濁惡世。因爲有五種污濁瀰漫在世間，而這些污濁（kaṣāya）就是⑴壽濁（壽命短），⑵劫濁（自然環境惡化），⑶煩惱濁（衆生只愛追求享受），⑷見濁（宗教家只會醉心苦行），⑸有情濁（衆生的身心活動與能力下降）。

既然如此，那麼，人的壽命由八萬年減少到一百年之間，佛是不是一直會出現呢？那也不是。有道是「一世一佛」，若依據這項論調，那麼，好像一大劫（成劫、住劫、壞劫、空劫）才出現一次。原因是，一世界會在一大劫裡消滅無存。況且，從八萬年壽命減少到一百年這段時期會有十九次（住劫的二十中劫裡，開始的十九中劫才有）。至於佛會出現在其中那一次呢？那就不清楚了。我們再度出生人間，才能因緣際會見到佛出世。釋迦牟尼佛只活了八十年，因此，我們碰不到釋迦牟尼佛，只是有機會接觸到他的教法而已，縱然如此，那也是非常殊勝的事。

由此可見，想要遇佛實在不容易，佛經有一則譬喻叫「盲龜浮木」，意謂出生人道，欣逢佛法，都彷佛大海飄流的盲龜，難得百年才從海中抬頭一次，剛巧將自己的頭插入浮流的一條木板小孔中。當然，其間也意謂佛的出世極其不易。這篇譬喻的旨趣，在教誨世人千萬要珍惜佛法的難能可貴，不可忽視，而且勉勵衆生要熱心修行。

但若依據賢劫說，則會有許多位佛出現。依照這項論點，可知過去有所謂莊嚴劫，現在是賢劫的中途，未來有星宿劫，每一劫都會出現一千位佛。其間，有些經典也記述這一千位佛的名號。雖然，我們不明白這三種劫跟上述諸劫有什麼關係，乍見下，賢劫倒有些類似住劫的情形。這一來，一住劫有一佛，或千佛會出現。

釋迦牟尼佛之後，預定會出現彌勒。彌勒現在修行中，屬於菩薩身份，但終究會修成佛出世，滿足芸芸衆生的期望。可是，彌勒佛要在釋迦牟尼佛滅後，五十六億七千萬年才會出現的。

3、業與輪迴

六道輪迴的思想

佛教宇宙觀的基礎，就是業與輪迴的思想。這些思想也許可以說是佛教宇宙的血親。顯然，這是宗教的宇宙觀，好像今天的科學宇宙觀一樣，如果撇開人類的存在不談，那麼，這種宇宙觀就沒有意義了。爲什麼要談佛教宇宙觀呢？原因是，要彰顯人類存在的業與輪迴的真貌。

輪迴（samsāra）一語，意謂人在迷惑世界的生死不停，反覆流轉。這個字的原意是「一齊飄流」，表示芸芸衆生被迫隨波逐流的情狀。

生死流轉是在五或六種生存狀態之間反覆活動。依據『俱舍論』說，衆生所到之處是「五趣」（即五種生存狀態）。那就是地獄、餓鬼、畜生、人間和天界等五個去處。『俱舍論』這本書屬於「說一切有部」這個部派。在佛教裡，尚有其他部派的「六道」（六個迷界），那就是地獄、餓鬼、畜生、人間、阿修羅和天界六種不同世界。這兩種說法似乎都在排斥其他論點。

『大毗婆沙論』上說：「其他部派的人把阿修羅放進去，說成六道，這樣說很不對。因爲經典上只有五趣之說。」

『大智度論』上說：「佛不曾明白指出五道的存在。所謂五道，完全是說一切有部的論調。其他部派僧侶主張六道之說。」

不管怎樣，後世比較流行六道之說，致使「六道輪迴」膾炙人口。依據『大智度論』的觀點，六道可以分成兩組，一組爲善，另一組爲惡，而每一組都有上中下三階段。情狀已如上述。

善道↑	天	上
	人間	中
	阿修羅	下
惡道↓	畜生	上
	餓鬼	中
	地獄	下

若說地獄、餓鬼和畜生屬於迷界，恐怕大家都會接受。誠如上述，阿修羅已經列入善道，但也不離迷界的存在。人間也屬於迷界。所謂不淨觀，意謂人類是很骯髒的混合體，例如人體排泄物和血淋淋的內臟，只要一想到這些，大家也會同意這個說法（源信那本『往生要集』裡，有這種絕好例證）。

若借用禪家的話說，人不過是一個「臭糞袋」罷了。諸神也是迷界衆生。表面上，他們在六道裡生活愉快，擁有許多享受，但也照樣逃不掉慾望、憤怒和愚痴的控制，也許有一天會淪落餓鬼道與地獄道裡去。「福盡則會窮困，掉進六道裡輪迴，以至成爲苦聚」（『過去現在因果經』）。連諸神也不例外，統統都活在慾界中。

「轉世」思想也在佛陀傳裡反映出來，佛不外是幾輩子投胎轉世，一再修行有成就的人。佛經裡，有所謂『本生譚』（Jātaka）這部經，專談佛陀前幾輩子的故事。列舉他前生多少功德，也曾經出生爲猿猴和鹿子，有過無數的修行成果。

衆生的業力

業的思想也跟輪迴思想同樣重要，兩者可以相提並論。業是印度語Karma與Karman兩字的音譯，意謂「行爲」，也指這種行爲所具的影響力。一談到行爲，不但指身體的行爲，也包括言語行動和精神行動（叫做身口意三業）。至於影響力，不只指這輩子所應有的影響力，也包括下輩子持續存在的影響力。

再者，這種業不但會左右個人的命運，它的作用也會涉及所有生物的自然界命運。例如宇宙生成的情況，先有微風一吹，便會起胎動，其所以如此，係由於各種有情衆生造業的增上力所使然。接著，它形成的水輪不會四散，也會形成一個輪，「那是一切有情業力在支撐的結果」。地獄和天界的形成，也不外是有情衆生的業力所致使。諸如這種衆生的共同作業，便叫做共業了。

對於佛教徒來說，業的教義相當重要。凡是很關心業的人，都應該想到下面的問題。那就是：「獄卒是不是有情呢？」挨句話說，淪入地獄和餓鬼道受苦的衆生都是有情，但在地獄折磨有情衆生的獄卒，也是因爲有情在業的牽引下投胎轉世的結果，這是問題的大意。

『俱舍論』介紹兩個答案。第一個回答是，獄卒不是有情。既不是有情，又怎能活動呢？那是由於各種有情的業力所致使。另一個答案是，他們都是有情。既然這樣，那麼，他們不是跟其他有情一樣被烈火在燃燒嗎？不，他們的身體結構很特別，烈火燒不痛他們的，因爲他們在地獄做壞事，才在同一地獄飽嚐報應。

以下幾項關於業的內容，一定要釐清。業的作用完全是自動運作。絕對没有像神這樣的裁定者參與其間。若造下善因，就會生善果；若造下惡因，便會生惡果（即善因得善果，惡因得惡果），這是一條自然法則。

有道是：「自業自得」，那表示自己所作的行爲結果，要由自己來負責，別人負不了責任。因此佛教不談「誰在懲罰他」，或「誰使他下地獄」，因爲那是他自己承受果報，自墮地獄的結局。上述有些衆生還沒有受完苦報，就被轉移到其他世界的地獄去繼續報應，也同樣屬於自業自得。

末伽梨的輪迴思想——

凡是研究印度思想史的人，一直對於某些問題很感興趣，例如某種思想的起源在哪裡？尤其，像輪迴這樣重要的思想更是如此。然而，這個問題的歷史曖昧模糊，不易讓人看得清楚。我現在也無意討論輪迴思想的起源。因爲這項主題太大了。我只想回顧一下同時代的印度與希臘方面，還有哪些佛教以外的輪迴思想？

「吠陀」（以紀元前十世紀前後爲中心，歷經數世紀才完成）是婆羅門教的古老文獻，裡面幾乎看不到什麼輪迴思想，但在新宗教發生的時代（紀元前五、六世紀前後），一般主要宗教便有輪迴思想了。顯著的例子是佛教、耆那教和末伽梨的宗教，在婆羅門教的一本新文獻「奧義書」裡，也看得到輪迴思想了。現在，我只想說說末伽梨的論點。末伽梨是六師外道之一，他的教理是這樣的：

「這裡有一百四十萬、六千及六百種生門。有五百業、五業、三業、一業、半業。有六十二行跡、六十二中劫、六階級、八人地、四千九百生活法、四千九百遊行者、四千九百龍土、二千根、三千地獄、三十六塵界、七想胎、七無想胎、七節胎、七天、七人、七鬼、七湖、七山、七嶮、七百嶮、七夢、七百夢。有八百四十萬大劫。其間，不論愚人和賢人都在流轉輪迴，到苦惱結束。其間，『我要靠此戒行、淨行、苦行或梵行，讓未熟業能夠成熟，或從己熟業逐漸脫離。』人類不能這樣，同樣地，也不靠升斗來測量既定的苦樂，讓它在輪迴中結束，它既無盛衰，也無增減。彷彿繩子糾纏一塊兒，完全解不開一樣，不論愚人賢人也都在流轉輪迴，到苦惱結束」。

生門是指生物的種類，末伽梨好像主張萬物有靈魂，連草木、種子、石頭和水也都有靈魂住宿著。生物的種類可以多到一百四十六萬六千六百種。行爲（業）的種類也是形形色色，大概有五百種左右。五業以下的小行爲，似乎指特殊活動。五業好像是淵源於五種感覺器官的行爲，包括那些來自視覺、聽覺、嗅覺、味覺和觸覺的行爲。

從出生開始修完八個階段——

三業好像身口意三業，也就是從身體、言語和心意而來的行爲。所謂一業，就是指身體或言語產生的行爲，而半業是指心意引發的行爲。

總之，一業是一種完全的行爲，反之，半業是生自內心，尚未落實的行爲。「行跡」

是指實踐，「中劫」已如上述，恕不贅言。

六個階級有黑、青、紅、黃、白和純白等階級。黑階級時，漁夫、盜賊等惡行，不斷地發生；青階級指佛教比丘；紅階級指耆那教徒；黃階級指末伽梨派的信徒；白階級是末伽梨派的比丘和比丘尼；純白階級指末伽梨派的三名領袖，包括末伽梨在內。

所謂「八個人地」，是指人們從呱呱墜地到修行完畢，可以分成八個階段。出生後七天都處在無意識狀態，一歲左右都在哭笑階段，之後努力學走路，接著，就會經過步行、學習、出家修行、開悟和完成後的隱居階段。另外還有很多種「生活方法」，「遊行者」和「龍的國土」。

「根」是指感覺器官與生殖器官，例如眼根、耳根、鼻根、男根和女根等。但在佛教與珊闍耶哲學裡，都表示人有六根，乃至十幾根，而末伽梨卻說人有二千根，到底這麼多根是指些什麼，就不太清楚了。

地獄也多達三千種，而「塵界」亦有三十六處。另有所謂「想胎」、「無想胎」和「節胎」，那是指會思想的生物，不會思想的生物和昆蟲，都各有七種。天、人、鬼也有七種，湖與山亦有七種，而崘與夢卻多達七百零七種。

天下蒼生都在這些道上反覆輪迴，而佛教在這方面也持同樣的觀點。依據末伽梨的看法，依靠戒行或淨行等都不能擺脫輪迴。要完成尚未完成的善行，並將已經做完的惡行逐漸消失，總想脫離輪迴是沒有意義的。人的命運是既定的，彷彿層層結纏的繩子一直解不開一樣，不論修行如何，反正都會不斷輪迴一定的時日。不消說，這種觀點跟佛教完全不同，因爲佛教認同修行的意義，所以，才斥責末伽梨的想法爲命運論（nyatirāda）。

希臘的輪迴思想

談到希臘，就得先探討一下歐爾菲斯教（orphous）的輪迴思想了。依照他們的教說，人類的投胎輪迴是因爲有罪引起的。因此，世人要嚴守戒律、清淨生活，必須從身體裡把靈魂解放出來，讓靈魂回歸到德歐尼梭斯（Diongsos）。

鼎鼎大名的畢達格拉斯（紀元前五七一—四九七）也是歐爾菲斯教的信徒，他組織了教團。傳說他有過一則軼事（逸話）。有一天，當他在路上漫步時，目睹一個漢子正用鞭子痛打一條狗。他立刻大聲阻止他說：「你趕快住手，你打的狗正是我的一位老友，因爲他現在轉世爲一條狗，聽到他的聲音我就知道了。」

還有艾配德庫雷斯（紀元前五世紀）是一位元素論者。他留下一句膾炙人口的話：「父親釣上那個改變形貌的兒子，然後殺了他。他念念有詞地向神表示感激，真是個大混蛋。父親聽不到犧牲者的叫聲，狠心殺了他，之後在家裡吃他的肉。同樣地，兒子捉到父親，孩子捉到母親，取了他（她）的命，之後咀嚼親人的肉。」世人釣魚時一點兒也不知道魚的來歷，捕殺野獸時也不明白牠的前世，也許那條魚和野獸正是你死去的愛子，或父母親投胎轉世出來的呢！

若照黑洛德特斯的論點，可知希臘的輪迴思想來自埃及。他在『歷史』這本書上說：「依據埃及人的說法，有德美特魯，和德歐紐梭斯兩位神在主宰地下界。人類的靈魂是不滅的，當肉體死亡時，他的靈魂會輾轉投生到別的動物體內，埃及人最先倡導這種說法。據說魂魄一碰到陸地上的動物，海裡魚類，和空中的飛禽等所有動物的身體時，會再度進入人體，三千年間才結束魂魄的一次遊歷。有些希臘人接受這種論點，而且每個時期都有，雖然我也知道這些人的名字，恕我不在此記載。」

我覺得很吃驚和迷惑的是，爲什麼印度和希臘幾乎會同時期流行輪迴思想呢？在這兩種輪迴思想之間有沒有借用關係呢？希臘傳說裡，有一則故事提到德歐紐梭斯曾經打到印度去呢！

只要這方面有什麼證據，那麼，兩地的輪迴思想就不會毫無關係了。倘若真有關係，那麼到底是誰影響誰呢？這就很難說了。也許兩地沒有直接關係，而是有第三國介入，所造成的間接關係也說不定。

但，有一點要注意的是，希臘人所說的輪迴，是有實體的靈魂，反之，佛教卻否定這種靈魂的存在。雖說這是理所當然，不過，希臘的彌蘭陀國王卻很懷疑佛教的論點。依他看，無我說與輪迴說好像很矛盾，幸好有一位那先比丘用燈火作譬喻來解釋。例如火焰時刻在變化，晚焰與深夜的火焰絕不相同，而深夜的火焰與黎明的火焰也不一樣。同樣的道理，輪迴的我不是永續性的東西。然而，這些不同時刻的火焰卻出自同一盞燈火。火焰依存這盞燈火，而時刻出現不同的情狀，恰似一個東西的本身。所以，晚焰是今生的我，而深夜的火焰則是來生的我（『彌蘭陀王問經』）。

五、西方淨土的思想

1、娑婆與極樂

雜會的娑婆

上述的宇宙觀，主要係依據『俱舍論』而來。為了方便起見，不妨稱這項宇宙觀為「古典的宇宙觀」。這樣意謂佛教在自己教團最安定時擬定和創設的宇宙觀。

相反地，下面要討論的極樂與地獄思想，屬於新的教義，也就是新發展的地獄說。只存在特定的部派裡。

今天，我們總認為極樂與地獄是一對思想，所以，一談到極樂，就不由得連想到地獄，當然，一談到地獄，也會連想到極樂了。『俱舍論』把地獄解說得十分詳盡，然而，對於極樂幾乎一句話也沒說。地獄與極樂倒不像開始那樣成雙成對，雙方簡直連不起來。

說明極樂以前，不妨先說明「娑婆世界」。這個娑婆世界就是我們居住的世界，也是釋尊出世的舞台和教化活動的對象。但是，佛教對於這個範圍有各種思考名稱。例如把它看作贍部洲，或叫做四天下（勝身、贍部、牛貨、俱盧），又稱為三千大千世界。玄奘認爲三千大千世界是一佛的教化對象，而稱它爲索訶世界。

「娑婆」是Sabhā（雜會之意）字的音譯，而索訶是Sahā（忍苦之意）字的音譯。兩者都是指同樣的東西，而且似乎都從Sabhaya（恐怖國土）這個字衍生出來。不論稱呼怎樣，反正都意謂這個世界充滿苦惱，堪稱一個煩惱世界。

釋尊出世以後，常用娑婆世界這個名詞來表示三千大千世界，好像成爲專有名詞了。誠如『放光般若經』上說：「西方極遠處有一世界叫做沙訶。那位佛號稱釋迦文。」『阿彌陀經』上說：「釋迦牟尼佛能爲甚難希有之事，能於娑婆國土，五濁惡世……」。

極樂淨土在哪裡呢？

其次要談「佛國土」。宇宙間有許多位佛，他們都據有自己的國土，也在那裡從事教化活動。這些國土叫做「佛土」或「淨土」。最有代表性的，要算阿閦佛的「妙喜國」，藥師如來佛的「淨琉璃世界」，阿彌陀佛的「極樂淨土」。還有一種雖然不是佛土，卻很類似佛土，那就是彌勒菩薩的「兜率天」（本是六欲天的住處之一，由菩薩管轄，而菩薩是成佛出世以前的身份。釋尊以前從這裡下凡贍部洲，目前由彌勒在管轄）。觀音菩薩有「補陀洛山」（在印度南方的海中）。娑婆世界好像屬於釋迦牟尼佛的「佛土」，卻不是淨土，毋寧說，那是一片穢土。在這些淨土裡，後來成爲鼎鼎大名者，便是極樂淨土。在大乘佛教裡，「佛土」表示出生的概念，誠如『俱舍論』所說，佛是脫離三界回歸於無。完全的回歸於無（叫做「無余涅槃」）是小乘佛教徒夢寐以求的最高境界。他們不以爲佛有形體在佛國土上活動。然而，大乘佛教以爲諸佛爲了建設佛國土而修行，只要建好佛國土，那麼，就得把迷界的衆生引導到那裡，所以，才要不停地教化衆生。

那麼，極樂淨土到底在哪裡呢？其間有兩種說法，一種是在三界之中，另一種是在三界之外。可見意見紛紛，莫衷一是，其所以如此，自然有相當的理由，因爲三界是古典宇宙觀的說法，但是，佛國土在這項宇宙觀裡卻不曾提到過。

但從娑婆到極樂的距離與方位，倒有一項共同的見解——「到西方要經十萬億佛國土」。由此可知「極樂淨土」以外，又來了一個「西方淨土」的別名。這也表示極樂以外的淨土有固定的方位與距離。「妙喜國」在東方要經千佛國土，「淨琉璃世界」也在東方，經由十恒河沙這樣多的佛國土，而娑婆淨土的「無勝世界」，遠在西方四十二恒河沙石那樣多的佛土世界，非常遙遠。

據說極樂與娑婆的距離有「十萬億」，到底這個數目有多遠呢？梵文的『無量壽經』上說，那是śata－sahasra－koti－nayuta，梵文本的『阿彌陀經』也說sata－sahasra－koṭi

。所謂十萬，便相當於sata－sahasra（100×1000）的部份。那麼，億也沒有相當於koti－nayuta 或koti 的某一邊，似乎哪一邊都不是。因爲億等於100,000（當初不是現在的數目100,000,000），koti 等於10,000,000，而nayuta 等於100,000,000,000。

除了佛教徒以外，一般印度人習慣把koti 說成10,000,000，把nayuta 說成1,000,000。不論我們怎樣組合以上的數目，都會發現印度的傳說與中國的傳說不一致。也許當初中國人常用億這個字來表示最高數位，而「十萬億」也許意謂一個最大數字也說不定。「佛國土」到底有多寬多大也不知道。總之，所謂「十萬億佛國土」，只能說是非常大的距離，表示非常遙遠的意思了。

不論男女都要投胎轉世—

既然如此，那麼，極樂（Sukhāvati）到底是怎麼樣的地方呢？顧名思義，那是個極快樂的所在。原字也意謂「有快樂之處」，那裡沒有這個世界的一切苦惱。

然而，除了毫無苦惱之外，我們還有一個印象是：那裡的風景非常優美。例如有七層欄楯、七層羅網、七層並排的樹木，都用四寶（金、銀、琉璃、玻瓈）來製飾。還有七寶（金、銀、琉璃、玻瓈、硨磲、赤珠、瑪瑙）的池塘，池裡蓄滿八種功德的水。池底鋪著金沙，池塘周圍有階道（走廊），那也是用四寶嵌造出來的。階道上面有樓閣，那也是用七寶裝飾的，池裡有燦爛的蓮花，大小如車輪。

青色蓮花散出青光，黃色蓮花放出黃光，紅蓮放紅光，白蓮也放白光。香氣濃艷，到處飄蕩。天上有樂聲傳來，不論清晨和晝夜，都會降落曼陀羅華的花，積滿在黃金的地面上。這個淨土上的芸芸衆生，每天早晨都在衣服的邊端撿起鮮花掛著，之後送往其他十萬億佛土的世界去供養。每在飲食時刻，便回到自己的國土來飲食和經行。

還有白鵠、孔雀、鸚鵡、舍利、迦陵頻伽、共命等各種不同的鳥兒，在早晨，白天和晚上，都唱出動人的歌聲，內容都是佛的教理，衆生聽了便想到佛、法和僧。微風吹來，四寶嵌進的樹木與羅網，便發出沙拉沙拉的聲音，好像優美的交響曲一般。

在這個國度裡，有觀世音和大勢至兩位菩薩在伺候阿彌陀佛。還有無數因爲信仰他而轉世到那裡的有德之士。不過，他們全部是男人，凡是前輩子信仰阿彌陀佛的女性，都投胎到那裡，但卻換了男人的形狀，不再是女兒身了。意謂女性本是低劣不幸的，而極樂的一切都很幸福，所以，女性才能轉變爲男性。

因此，釋尊說——諸位不妨發願到那裡去，因爲在那裡可以跟一群有德行的人一塊兒。倘若要投生到那個國家，光靠一點善行是不夠的。只要肯念阿彌陀佛的名號，一天、兩天、三天、四天、五天、六天甚至七天，努力念到一心不亂，那麼，待他死時，阿彌陀佛會偕同諸位聖者來到他面前，他臨終的心情會很平靜，才能被迎接到極樂淨土去。

「自力」與「他力」——

乍見下，可知極樂的觀念屬於感覺性質，而不是倫理性質。古代的貴族們看到寺廟的蓮池，感受極樂的優美，一定對於這種境界很滿意。不過，現代人追求宗教，面對如此極樂世界的描述也許就不太滿意了。而且那裡又沒有女人，很可能會覺得失望。如果要談極樂，物質的歡娛固然重要，但若光有精神世界，有人會覺得不健康，或難以忍受。若說沒有女人，倒不是說僧侶會把女人當作快樂的對象，不過從女性的觀點來說，因爲都盼望普天下的女人都能幸福，結果極樂世界沒有女人，似乎有些說不過去。

極樂思想起初一定以物質的樂土觀爲核心，但從早期以來也跟濃厚的宗教觀念緊緊相連了。那是因爲有佛的救渡思想所致使，佛說阿彌陀佛是極樂世界的主人，只要勤念阿彌陀佛便能得救。古典式的佛教認爲自己要解脫，只有靠自己努力，此外沒有方法了，這是「自力」的意思，不過，有些人對自己的努力完全絕望，便尋求新的教理（他力）了。這種思想最初跟苦樂的觀念連在一起。

人類想要往生極樂，係因爲要逃脫苦惱，不過，這個願望後來跟善惡觀念連在一起了，往生極樂的願望，係因爲對自己的惡行感到絕望所使然。例如，日本的親鸞上人就是很好的證明。

由此可見，不論叫它一神教的色彩也罷，或神佛的救度也罷，甚至叫做一種關心善惡發想法也罷，反正今天的淨土思想有些方面很類似基督教。數十年以前，淨土真宗有一位法師叫做龜谷凌雲，他說：「真宗只不過想走基督教的路。」充其量是基督教改過來的東西。在二千年的淨土思想裡，的確受到基督教相當大的影響。

2、西方淨土的思想起源

伊甸在東方，極樂在西方—

由此看來，「西方極樂淨土」的思想如何在印度產生的呢？這方面衆說紛紜，例如，有人說它起源於印度內部，有人說它來自伊朗，有人說它淵源於猶太教……。最後值得一提的是，日本佛學者岩本裕教授的論點，因爲他以爲「極樂」思想來自猶太教的「伊甸園」。

那麽，極樂這個名詞又從哪裡來的呢？先從結論來説，依筆者看來，極樂來自伊甸這個譯名，或從此得到啓示，而伊甸本是猶太教與基督教徒耳熟能詳的「伊甸園」。伊甸在希伯萊字裡有快樂的意思，字形屬於阿拉姆字，而阿拉姆字跟希伯萊字一樣，都屬於色目字派，『舊約聖經』最先就是用這種文字寫的。

遠在波斯的阿肯美納斯王朝時代，便採用阿拉姆的語言文字，而當時的印度就在阿肯美納斯王朝的東端。印度人受到阿拉姆文字的影響，才擁有卡洛休特文字，阿育王曾用阿拉姆的語言文字寫成幾塊碑文。印度在阿育王時代，可從建築式樣裡看到阿肯美納斯朝文化的影響。所以，「伊甸」這個文字與觀念，極可能是從那裡傳到印度去的。

不但可見這種傳達的可能性，猶太的樂園與佛教的極樂還有明確的共同特性。換句話説，「兩者都建立在方位觀上，而且都象徵沙漠的綠洲。」他們認爲「伊甸」在東方，而「極樂」在西方，「伊甸」跟阿西利亞語的「沙漠」屬於同一字源，因爲「極樂」也是沙漠綠洲神話化——「無熱惱池」的擴大增補版。

「無熱惱」這個譯名，顯然是沙漠綠洲神話化出來的。這個池塘岸邊用金、銀、琉璃、水晶裝飾成的，充滿金沙，水波清澈如鏡，反射光芒，池裡蓄滿清澈的冷水。『無量壽經』上所說的極樂，正是無熱惱池傳說的擴大與增補的版本，無疑描寫得有些誇張。

人死後投生到西方——

關於「伊甸園」的極樂起源問題，我想埃及人的「西方」思想，跟希臘人的「埃利西歐」思想，也好像跟「極樂」思想有關連。

如衆所周知，自古以來，埃及就流行一種思想，認爲人死後會投生到amnt（「西方」）。那裡是一個不死的國家，充滿幸福和微風吹拂的土地。下面一段記述摘自哈魯姆哈比墳墓上一則原文。

左右各有三艘大帆船，排成一列，哈魯姆哈比跟他的妻子，用網拖者平底船，高聲說道：「爲了跟隨歐西利斯・Ounnofri，就要和平地渡到阿比德斯。偉大的主跟你在一起，向西去，向西去，那是一塊正常的土地……。」這裡出現一位歐西利斯神，那是一位死後復活的神。意指人死後，會變成歐西利斯，在西方的土地上復活。末期的希臘歷史家普魯達爾柯斯（紀元前四六前後—— 一二〇以後），把amnt（西方）當作amenthēs 傳承下來。這個詞語等於柯普特語的amnt，而這個amnt 的思想至少持續到三世紀左右。所謂耶穌基督的復活思想，也可能受到歐西利斯信仰的影響。果真如此，那麼早在紀元一、二世紀，歐西利斯的信仰便有極大的影響力了。

春風吹動的「至福者之島」——

當普特雷麥歐斯一世統治埃及這塊土地時，他融合希臘與埃及兩地的宗教，到了亞歷山大便建造一座「薩拉配歐」神殿，來祭祀薩拉比斯神。薩拉比斯純粹是一位人工性的神。總之，他是希臘神話的塞烏絲，和埃及神話的歐西利斯，以及阿比斯三者綜合起來的神。那麼，薩拉比斯跟伊西斯（埃及的女神），以及哈爾波庫拉德斯（埃及的童神）等並肩而坐，三位在一起。紀元二世紀時，埃及存在四十二座薩拉比斯寺院，可見亞歷山大多麼重視它。羅馬帝國後來受到基督教的影響，迫使基督教以外的所有宗教慘遭殺害和毀滅，到了三九〇年，特歐德西斯大帝終於破壞了亞歷山大時代的邱比特．塞拉比斯大神像。

但是，他們認爲希臘神話的「地涯艾利西歐」仍在西方。在希臘神話裡，除了「艾利西歐」以外，還有觀念類似的「至福者之島」，和「黑斯貝利德斯園」。荷美洛斯說：「艾利西歐目前由一位金髮的拉達曼特斯在統治，那裡生活很舒服，既不下雪，冬天也無暴風和大雨，常有涼爽的西風吹拂，讓人心曠神怡。」（吳茂一著：『希臘神話』）

後來，有一位斯特蘭波（紀元前六四——二一年以後）引用這段文章之後，便寫下一段話：「不論如何，那裡有清新的空氣和涼爽的微風，但是，那個國家不但在西方，也位於溫暖的所在。」

「至福者之島」上有春風吹拂，樹木開滿金色的花，真是一個幸福的島。「黑斯貝利德斯園」也在西方，即太陽西下之處，位於海洋之涯，園裡的樹木長滿黃金的果實，黃昏時，姑娘們經常載歌載舞。依據吳茂一氏的說法，好像賓達洛斯（紀元前五二二年——四二二年）等詩人都表示，「至福者之島」所說的條件之外，還要跟得上時代，補充若干倫理規則才好。

希臘與印度的共同性——

依據尼爾遜的觀點，「艾利西歐」的思想是古代從埃及經由庫雷達島進入希臘的東西。因此，現在的「艾利西歐」思想雖然是亞歷山大到那裡之後，跟「西方（amnt）」思想融成一體，照理說，它充其量像一個女孩離開娘家，之後回娘家跟母親在一起的情形。

由此可見，所謂希臘文明時代，正是孕育和傳播「西方」思想最適當的時代。希臘神話裡，一直稱這個西方爲極樂淨土，涵蓋幾項特徵性的描述。所謂既不下雪，也無暴風雨……，微風吹動……樹上開滿黃金的果實……黃昏姑娘們載歌載舞……巴黎所說的champs

-Ely sées，正是「艾利西歐園」的意思。

現在，我要從『淨土三部經』裡，引用幾句類似以上希臘神話的描寫，讓大家仔細對照一下。

——舍利弗呵，那個佛國土上有微風吹動，各種寶行樹和寶羅網都會發出微妙的聲音——（『阿彌陀經』）

——既無春秋冬夏等四季，也沒有寒熱現象，經常很溫暖，氣候適度——（『大無量壽經』）

——在這個國土上，各種七寶的樹木遍佈全世界，例如金樹、銀樹、琉璆樹、珊瑚樹、瑪瑙樹、硨磲樹。有兩寶、三寶及至七寶合成的產物。（所謂兩寶）有金樹上長出銀葉、銀花和銀的果實，或銀樹會長出金葉、金花和金果，至於琉璆樹……（『大無量壽經』）

照理說，大家都會承認「西方」與「極樂的描寫」方面，希臘人與印度人的構想有些類似。我們可由以下的事實，明顯地看出它們的共同點不是偶然現象。

庫夏納王朝有人愛好希臘文物——

貝格拉姆在阿富汗首都喀布爾的北邊，等於古代的迦畢試，唐玄奘在七世紀造訪該處，返國後寫成迦畢試。依照唐玄奘說，那裡是古代印度國王的夏季都城，那位國王也許是庫夏納朝的國王吧！庫夏納王朝可以分成第一庫夏納（紀元一世紀前後），第二庫夏納（紀元二世紀前後）和第三庫夏納（紀元四世紀前後），但在第二庫夏納王朝時代出了一位鼎鼎大名的迦膩色迦王。根據佛經上記載，他是一位著名的佛教護持者。

庫夏納王朝來自中央亞細亞，因為自身不曾有過都市文明，才很樂意接受周邊的高度文化。他們的周邊文化包括印度文化、伊朗文化、希臘羅馬文化與漢族文化。關於這方面，我們發現他們的王號無疑完全接納上述幾個文明國家的稱號，由此倒也凸顯彼此的文化關係多麼密切。他們的貨幣上對同一國王有三種稱號，如實記載統王（rajatiraja）、大王（maharaja）和天子（devaputra）。這三種稱呼分別屬於伊朗系、印度系和中國系。

迦膩色迦二世（歷史上有名的迦膩色迦王的子孫）除此以外，也用羅馬系的凱薩稱號。也許有人懷疑他們難道不用希臘系統的「王」basileus嗎？因為basileus在庫夏納王朝以前，巴克脫利亞系的希臘裔諸王，和推翻希臘人的色加族，以及巴爾其亞族王的貨幣上被派上用場了。在色加族與巴爾其亞族以後，直到庫夏納族時期，這個希臘語的稱號也許不再流行了，只知庫夏納族跟色加族、巴爾其亞族一樣，都成爲「希臘文化的愛好者」（philhellenē），（這個字是伊朗巴爾其亞王朝諸王稱呼自己的話）。庫夏納王朝的貨幣上也寫著希臘文字。

「伊甸園」與佛教——

迦畢試是庫夏納王朝（也許是第二庫夏納朝）的首都，本世紀初葉，一群法國學者從那兒附近挖出許多物品，好像大部份都是亞歷山大時代的東西。最主要的有石膏與青銅製的希臘神，及年輕人的像，另外還有玻璃製品。諸神包括西雷諾斯、薩特洛斯、埃洛斯、普西肯、德歐紐梭斯、麥納德斯、阿特納、黑拉庫雷斯等；英雄人物有猶利西斯、塞拉比斯、黑拉庫雷斯等殊勝之神。印度產品有象牙製的透明雕刻和裝飾板，特別耀目。中國的東西都是漢代的漆器。由於此次大量發掘，後人始知庫夏納朝藏有豐富的希臘文化，而且早在亞歷山大開始就接受希臘文明了。

最值得注意的是，塞拉比斯・黑拉庫雷斯像的出土，跟「西方極樂淨土」的思想起源有關係。因爲美國考古學家洛朗德對於塞拉比斯・黑拉庫雷斯像的認知有精闢的見解。他曾經說：

「從這座秘教性的像裡，馬上能判知它是塞拉比斯，和黑拉庫雷斯混合成的東西。因爲他的頭上載著橄欖葉裝飾的冠，象徵尼羅河的豐碩，右手拿著僅有黑斯貝利德斯園所能產的金蘋果。」

除此以外，洛朗德也在迦畢試出土的一尊小像上，認出它是埃及神哈魯波克拉德斯，並推測玻璃框上一副女像，應該是伊西斯女神。其間，也從西巴基斯坦的塔庫西拉挖出哈魯玻克拉德斯的像。這些重大發現可以證明以亞歷山大爲中心，曾經熱絡一時的塞拉比斯教也影響到印度來了。

結果顯示佛教方面的資料調查，似乎比較符合這項事實。我們只知『大無量壽經』從西元一四八年到二五八年間，曾經五次被譯成中國語文。這種事正逢第二庫夏納王朝時代。譯者也是巴爾其亞、庫夏納、薩瑪魯康德、庫加等人，而他們都是活躍於第二庫夏納朝代的人物。

在佛教的極樂思想方面，「西方」的觀念佔有非常重大的份量。若能從伊甸園找到佛教極樂淨土的思想起源，那又該怎樣思考「西方」觀念導引不出來的原因呢？關於伊甸園的事，雖然有不少解說——「在伊甸的東邊設置一個園地」，「在伊甸園東邊放有自動旋轉的火焰之劍」，「伊甸東邊的要塞地」，但始終看不出它跟西的觀念有那些連結。

再者，佛教的「極樂」跟死亡連在一起。那是死人的去處。埃及的amnt，和希臘的「艾利西歐」都是同樣的意義。不過，伊甸園卻沒有跟死的觀念直接連繫，反而是一塊地上樂園，亞當與夏娃偷吃禁果以後被趕到那裡去。依照基督教徒看來，好人死後上天國，而不是伊甸園。

六、地獄的來源

1、閻羅的喬裝

『吠陀』所描述的閻羅

只要一提到閻羅，大家都會想到他是地獄的主人。但依上述的內容看來，『俱舍論』說閻羅（yama、夜摩、閻摩）的住處，卻在須彌山的上空。既然如此，那他怎會到地下去了呢?本節不妨看看這段過程，也許可以從此明白地獄的發展史。

閻羅原本是諸天之一，叫做夜摩天。這個階段的閻羅，通常跟吠陀的閻羅相提並論，換句話說，閻羅是婆羅門教之神，之後才進入佛教裡。因此，我們不妨看看『吠陀』的說明，便會明白閻羅起初是位怎樣的神?

人類的始祖是亞馬（Yama）與亞米（Yami）。他們原是一對兄妹，亞米因爲想要有兒女，便央求亞馬做愛，但亞馬以違反人倫爲藉口，嚴詞拒絕亞米的哀求。這一來，雙方有了激烈的爭論，至於結果怎樣，聖典上沒有說明白。但，依據後來人類大量繁殖的結果看來，亞米最後似乎如願以償的樣子。

亞馬是最先的人類，所以，也是最先的死人。他開拓死人的道路，後來的死人才跟隨這條路子到達他的地方。因此，他成了死人之王。這個亞馬的國家在天上，不論怎麼說，那裡是一個樂園。

佛教的閻羅也遵照婆羅門教的傳統，在天界有一個住所。但依據『倶舍論』上說，除了有天界的閻羅以外，餓鬼界也有一個閻羅。那麼，這兩個閻羅是不是同一個身份呢？我們並不淸楚。總之，『倶舍論』記載死人去的國家不在天界，早已搬到地下去了。火葬與土葬不一樣跟這個有沒有關係呢？據說火葬是亞利安人的習俗，這麼說來，『吠陀』便是亞利安人的作品。只要竭力想像一下，便知道亞利安人入侵以前的土著習俗爲土葬，而它排除現在亞利安人的壓力而抬頭起來了。

死人的國家搬到餓鬼界去了，那裡並不是樂土，反而是大多數死人要飽受折磨的陰森慘淡之處。在吠陀時代也有不幸的死人在那裡。在吠陀時代，先祖的亡魂叫做祖靈（pitr, pitar，本來的意思是「父親」，相當於拉丁字的pater）。祭祀祖靈是子孫們的重要任務。不過，那些沒有子嗣的死人，因爲沒有後人來祭自己的靈，就成了不幸的亡魂。所以，印度人認爲生男育女，延續子嗣非常重要。中國的『禮記』談到祭法時也說：「庶人無廟叫做死鬼」，觀點也很相同。以上是吠陀時代的話題。『倶舍論』上說，一旦做了不幸的死人，無異自業自得，因果自負。

印度的祖靈叫 pitar（pita），餓鬼叫 preta。但是，這些還算典雅的稱呼，它們的俗話都叫 peta。因此，縱使祖靈在俗話裡成了餓鬼，那麼，「祖靈之主」（pitr－pati）的閻羅成了餓鬼的主人也毫不奇怪了。

成了地獄的審判者

上面的『俱舍論』談到閻羅到餓鬼界去了，但卻還沒有下達地獄。地獄有獄卒，卻沒有主人。不過，閻羅並不是跟地獄毫無關係，因爲下令羅剎把衆生丢進地獄的人，正是閻羅也。

誰知後來餓鬼界的主人也成了下面地獄的主人了。閻羅連續下降兩級（？），看起來可憐兮兮，殊不知他移動地位也不是完全没有理由。餽鬼界與地獄界都是死人投生的世界，而他在死人的地方也非出人頭地不可。

所謂「死人世界」，其實是我們現代人的用語。對於相信輪迴的佛教徒來說，地獄也是一處生存之道。那種生存跟人類的生存完全一樣。地獄不是最後的住處，而是一個經過的地點。倘若忘了這項原來的論點，結果就很難對佛教地獄的理解得到什麼正確觀念了。

閻羅所以會成爲地獄之主，是不是起因於審判思想進入佛教的地獄思想裡所導引出來的呢？本來，佛教主張地獄的苦惱來自本人的自作自受或自業自得。地獄的存在起因於有情衆生的業，連獄卒也是因爲有情的業力才出生的。

地獄的獨立存在出自有情的業，其間，絕對沒有另一位審判者存在。但是，當審判思想跟佛教的地獄連結一起時，若說地獄沒有審判者存在，就未免說不過去，這樣一來，餓鬼界的主人就不知不覺地代理了地獄的審判者了。在這項新閻羅觀的提示下，世人似乎開始把閻摩或閻羅寫成閻魔了。

當閻羅還住在天界的時候，飼養了兩條花斑狗。這兩條狗的任務是率領死人一路上平安地到達樂土。奇怪的是，如果主人兇巴巴，連他的僕傭也顯得兇巴巴的樣子。所以，這兩條狗（或牠們的子孫）在地獄也好像會咬人的手腳。

那麼，這種審判思想從哪兒來的呢？又成了一道新的研究課題了。最近正在出現一種『阿威斯塔』的審判思想。

「阿夫拉呵，這些事讓我不時地尋思，到底怎麼生起，子怎麼到來的呢？到底登記什麼債權，來限定仁義者呢？主人呵，什麼債權會限制不義之徒呢？這些債權要清算時會變成什麼結果呢？」（伊藤義教譯『世界古典文學大系』）

希臘神話也有審判思想。審判者是米諾斯、哈德斯等。依據『奧德塞』這本書上說，米諾斯是這種人。

「手上拿著黃金笏坐著審判一群死人。一大群亡魂在寬闊的冥王府裡，坐著、站著、圍在冥王周邊等候訊問。」

哈德斯是這種人。「在地府裡，把所有人的造業行爲正確地登記在黑板上，詳細檢尋，一項也不漏掉。」

猶太教也有審判思想，而神即是審判者。

站在繪畫的立場上說，佛教的審判者與希臘神話的審判者之間有共同的特性。例如雙方的姿態表現都以笏當作筆記用具，所不同的是佛教用圖畫，而希臘神話只以言語表示而已。反之，拜火教卻無宗教美術，而猶太教採取一種否定偶像的立場。

但是，不能只用有沒有繪畫這一點來論究這個問題。另外也得考慮一下中國人的他界觀。我們一定要考慮各種文化方面的類似思想，也很可能同時影響佛教。還有各種文具上的類似思想，到底在哪裡含有共同起源呢？這一點不能忘記，例如，埃及人留下測量死人靈魂的圖畫等都富有暗示性，也很可能影響到佛教。

2、三途河

通往地獄的河流

大多數的日本人一談到地獄時，首先會連想到三途河的問題。好像從日本平安中期以後，日本人才耳熟能詳三途河的事。例如『大鏡』的「渡橋」，『源平盛衰記』的「三途川」，『太平記』的「三途河」，都是文獻上出現最早的「三途河」。

「三途河」不是佛教的正統觀念。『俱舍論』說明地獄時完全沒有提到三途河。在『俱舍論』以後的印度佛教文獻上也沒有看到三途河的記述。我們也不知道哪個印度字相當於「三途河」？照這樣說來，三途河的思想是在印度邊境或中國一帶，從外邊傳入佛教裡的嗎？還是在佛教內部跟著時間的消逝自然生出來的呢？

『俱舍論』早已提到「烈河增」的存在，那是副地獄之一，也是彷佛河川與溝渠等形狀的地獄，印度名字叫Vaitarani，含有「渡」的意思。那麼，這個地獄從此成了「渡河」，和「三途河」了嗎？

「烈河增」與「三途河」有以下幾點不同。第一，「烈河增」即是地獄，而「三途河」乃是通往地獄的入口。第二，『俱舍論』有附帶說明，「烈河增」是「剩下能使人刑害之處，所以叫做『增』」。「地獄被關閉以後，這裡沈下才叫做增。」可見是進入原來的地獄以後，才要進入的地獄。相反地，「三途河」是到達地獄以前要通過的河川。第三，「烈河增」在各個地獄都有四處，那麼，八個地獄就共有三十二處，反之，三途河僅有一條。

若說三途河的起源不在烈河增，那麼在「三途」又怎麼樣呢？「三途」遠比「三途河」更早出現在文獻上。例如漢譯本的『無量壽經』有「三塗苦難」，漢譯本的『賢劫經』有「溺於三塗五趣」。塗跟途相通。那麼，照這麼說，「三塗」果真成了「三途河」嗎？

還有「三途」又是什麼意思呢？關於「塗」字的意思，且看唐代有名的學僧玄應法師這樣解釋：「三塗是俗書春秋上那句三塗危險之處，借用它所取的名稱。所謂塗，大體上跟道同一個意思。但不是塗炭的意思。若在梵文書上，就叫做阿波那伽低。譯成中文叫做惡趣……。」

由此看來，我們看不到「三塗」後來會變成河流的任何要素。「塗炭」是指泥水與炭火（所謂塗炭之苦，也許指水災、火災所帶來的劇烈苦難），「三塗」的塗卻非如此。

相當於「塗」的印度字是「阿波那伽低」（āpanna-gati），總之，在「惡趣」的概念裡仍然看不到河川的意義。上述漢譯『無量壽經』提到「三塗苦難」，相當於這一段話的梵文本上，也沒有相當於「三塗」的梵文字，亦不見有河川的描述。再看跟「三塗」有關的場合，意思包括㈠、中國險峻的山名有「三塗山」（洛陽西南方，位於伊水以北）。㈡、地獄、餓鬼、畜生。㈢、火塗（地獄）、血塗（畜生）、刀塗（餓鬼）。其中任何一項都似乎看不到「三塗」會發展成「三途河」的重要要素。

「三途河」的起源─

由此看來，不禁讓人懷疑「烈河增」與「三塗」都不像「三途」的起源。但若考慮到時間那麼悠久，也許有人認爲「烈河增」不是也有發展成「三途河」的可能嗎？沒錯，的確有這種可能。若在佛教周圍還有更近的思想時，那麼，我們也許可以認爲它已經進入佛教裡了。縱使「烈河增」與「三塗」已經成了「三途河」，那麼，那也許是外部思想正在受到衝擊也說不定。

據悉佛教周圍有過這一類思想。而它也出現在希臘神話與拜火教的聖典中。現在，爲了比較方便起見，我不妨從佛教文獻摘出一段「三途河」的描寫。

「葬頭河旁邊，初江一帶有成排的官府衙門，在管理渡河的作業。前面的大河便是葬頭河了。要渡河的亡魂叫它奈河津。渡河的地方有三處，一是山水瀨，二是江深淵，三是有橋渡。官府前面有大樹，名叫衣領樹。樹下有兩個鬼，一個叫奪衣婆，另一個叫懸衣翁。鬼婆因爲生前造了盜業，兩隻手指被砍斷，鬼翁的頭腳折合爲一。接著，就有男人揹著女人、牛頭（鬼卒之一）用鐵棒夾住兩人的肩膀，追趕他們渡過急流，到樹下集合。鬼婆强迫他們脫下衣服，鬼翁把它掛在樹枝上，表示抵罪，送到後面的官府。」（摘自『望月佛教大辭典』）

這一段描寫取自『地藏菩薩發心因緣十王經』，其實，有人說這部經是僞經，是中國人寫的東西，甚至有人懷疑是日本人寫的。事實上，我們很難從佛教文獻裡追究「三途河」的起源。原因是，印度佛教開始式微之際，由於佛教徒的創作活動停滯不前才出現這套思想。

我們若注意希臘神話時，便會發現下列諸河流過地獄——史德庫絲河、阿肯倫河、柯鳩特斯河、雷特河和畢利普雷肯頓河。看到這裡，也許有人會問佛教的「三途河」，跟希臘神話的五條河，怎會有「三」與「五」的差別呢？殊不知「三途河」的「三」字不是表示河川的數目，而是指渡河地點的數目，事實上只有一條河而已，至於希臘神話的五條河，不是一下子形成的，而且，希臘人也絕不會拘泥於五這個數字。

重要的是，不論佛教的河流，或希臘神話的河流，也都是「死人到地獄時先要航渡」之處，這才是彼此的共同點。

此外也還有些共同點，例如，河邊有人看守或渡船夫在把持，亡魂過河時要跟他們有一番交涉。據說阿肯倫河有一名叫做卡倫的渡船夫在把守，他拿下亡魂的金錢才讓他過河去。三途河畔有一對年老的男女鬼卒，名叫懸衣翁和奪衣婆，奪衣婆會撕下死人的衣服，而懸衣翁會把衣服掛在樹枝上。據說希臘人有一種習俗，會把小錢放進棺木或死人的嘴巴裡。日本人也有放入「六道錢」的習俗。所以，我們認爲三途河的思想源泉，很可能出自「阿肯倫」這一點，而這種思索不能說不恰當才對。

受到希臘、伊朗和中國方面的影響——

依據『阿維斯塔』的說法，死人的靈魂到達「靈界亞薩塔岸」時，要渡過「金瓦特橋」。這條「金瓦特橋」會使人連想到佛教文獻的「有橋渡」。不過，『阿維斯塔』提到那些橫渡這座橋到亞薩塔的人，乃是仁義之徒的靈魂，而三途河是壞人航渡的陰森所在。

不過，「有橋渡」跟「江深淵」及「山水瀨」不一樣，前者毫無懲罰的意思，在起源方面，也許跟「金瓦特橋」有關連也説不定。『十玉讚歎鈔』提到這座橋是：「金銀七寶的橋，只有善人才能渡過去。」

由上面的引述裡，可知「三途河」起先好像寫成「葬頭河」的樣子，我們似乎有一個印象，「葬頭」好像外文的音譯名詞。它沒有「埋葬頭顱」的意味。有人説先有「三途」，而「葬頭」是此字的混淆產物，但這種論點很難令人信服。因爲我們不知道何以要將三途改寫爲葬頭？既然這樣，那麼，它是不是肯定爲外文的音譯名詞呢？這一點亦不甚明白。我們不禁想起希臘神話的Styx，和『阿維斯塔』的haētu（等於印度字setu），Styx在音韻方面很難發音，而且也跟setu完全一致。setu雖然説不會不相類似，但也很難在文獻上附述一番。

總之，關於「三途河」的淵源，似乎可從希臘與伊朗方面去追尋。但可別忘了中國人的存在。縱使希臘與伊朗神話跟佛教的關連很密切，殊不知佛教發展的舞台在中國。

有一位名叫藏川的人，曾經講述『地藏菩薩發心因緣十王經』，然而，這部經典出現以前，同一位藏川也講過一部『預修十王生七經』。後代人認爲藏川是唐朝人，雖然這兩部經也成了「經典」，倘若事實這樣，那麼，這兩部經應該出自印度，而藏川只不過將它翻譯成中文而已，但從內容來判斷時，這兩部經典又好像在中國被人僞造出來的。

最重要的理由是，其中所列舉的「十王」——秦廣王、初江王、宋帝王、五官王、閻魔王、變成王、太山王、平等王、都市王、五道轉輪王等，名稱都非常中國式，一點兒也没有印度的味道。

上述「六道錢」的習俗是，把小錢放進死人的棺材裡，希臘人也有如此風俗，殊不知中國人早有「瘞錢」的存在。這也是將錢跟死人一齊放進棺材裡。早從漢魏以來便存在這種習俗了，據說從唐朝以後才改用「紙錢」。另有一種黃泉思想存在。好像從『左傳』開始便提到黃泉爲死人的國家。這是佛教傳入中國以前，便已存在的說法。至於他界觀等中國式的東西，也影響到佛教的地獄觀念，影響狀況如何也必須要考量。道教好像從佛教吸取些地獄的內容。

3、賽河原與地藏菩薩

兩世的邊界線

「賽河原」也是後代的佛教產物。這條河原好像在地獄入口的附近，但跟「三途河」

的關係並不清楚。似乎沒有任何文獻明白指出「賽河原」，即是「三途河」的河原。

關於「賽河原」這個字的字源，衆說紛紛，其中最有力的說法是，它起源於京都鴨河與桂河合流處一個「佐比之里」，那裡是老百姓的墳墓場地。早在日本平安初期的『類聚三代格』和『三代實錄』這兩本書上，便已記載那裡是埋葬死人的地方了。據說那裡也建有小石頭的塔，便於供養死人。「佐比」的意思不明確。但是，它後來好像跟「塞神」扯上關係的樣子。塞神即是道祖神，防範惡鬼入侵之神也。在交通要道都有小石頭的堆積，和祠堂的存在，這些純粹爲了供養這位神。據說許多旅客各拿一顆石頭堆積……西藏的山峰有小石頭建造的塚也是這個意思。「賽河原」亦是生死兩個世界的分水嶺，劃分兩個世界的惟一交通要塞。

「賽河原」所以讓人耳熟能詳，無非是死去的孩童受盡鬼卒的虐待之故。有人納悶那些孩子犯了什麼罪呢?但也有人表示孩子在娘胎裡，百般折磨母親，不知報恩便死去，死了又使父母親哀慟。不料，有人反駁這不是罪，孩子的雙親也表示不報恩也不妨，我們哀慟並非你們的罪惡……。

依照佛教的觀點說，縱使乳臭未乾的孩子也一樣，都是沒有覺悟的迷惑之徒。果真如此，那麼，他們也許照樣在六道裡輪迴，受盡地獄的折磨也說不定。

有人懷疑年紀輕輕就夭折的孩子們，到底在賽河原接受什麼折磨呢？他們在堆積石頭的作業。三、四歲的孩子們遠離親生父母，飽受鬼卒的虐待，在堆積石頭建造墳塚。不料，當這座墳塚快要大功告成時又突然例塌，迫使孩子又不得不重新堆積石頭。

這種內容無異希臘神話的日本版，因爲有一則神話談到一個希休波斯一直在堆積石頭的作業。希休波斯也因爲犯了罪才墜入地獄，被罰在山坡路上堆動巨石做苦工。眼見這塊巨石要推到山頂上時，忽然又滾轉不來。結果，希休波斯又不得不重新開始了。依我看來，賽河原所代表的故事，恐怕是從希臘神話這段故事得到啓示之後才出現的內容。

地藏菩薩——

地藏菩薩無疑是地獄之佛，因爲他體察衆生的悲哀苦惱，歷經幾億劫的漫長時間，來到六道裡潛心修行。據説這位菩薩彷佛以前的法藏比丘（阿彌陀佛的前身）那樣發過四十八願，因爲地藏菩薩也發了許多誓願，決心要救度天下蒼生。佛教中常以「衆生度盡，方證菩提；地獄未空，誓不成佛。」來形容這位大菩薩。

不過，也許有人懷疑大家爲了逃離六道才要念佛，那裡不是有阿彌陀佛嗎？阿彌陀佛早已存在，若再出來一位地藏菩薩，不是多此一舉嗎？若從另一個角度看，地藏菩薩自有他存在理由。總之，爲了既不念佛，或不懂得念佛，而淪落六道輪迴的衆生，地藏菩薩實在有存在的必要。

只要肯念佛，阿彌陀佛就會救度我們，可是，他卻遠在十萬億佛土的西方世界。地藏菩薩親自來到贍部洲，週旋在六道衆生之間。他尤其到六道的地獄界去救度幼童們的苦難，也就是去「賽河原」救度無數苦惱的幼兒們。他拉著孩子們的手，彷佛和尚在寺廟的庭園跟一群兒童手牽著手一般，說話溫和，讓他們盡興地遊玩。這就是「地獄之佛」的佛。

乍見下，地藏菩薩的存在理由似乎能跟阿彌陀佛相提並論，殊不知也不是一開始就編出這個意思。本來，阿彌陀佛與地藏菩薩屬於兩種不同系統的思想。『淨土三部經』主張信仰阿彌陀佛，其中也沒有詳細描寫地獄的情狀。地獄一詞只有散見在裡面。地藏菩薩的名號根本沒有出現。這位地藏菩薩好像在阿彌陀佛信仰外的世界，出自一種跟如來藏思想一樣的泉源。如來藏的意思是，芸芸衆生都天生有如來的本性。地藏（ksiti－garbha）猶如「大地」（ksiti），含有「貯藏所」（garbha）的意思，內藏各種功德，諸法從此產生，即象徵偉大人格……。

不論大小乘都一樣，佛教以慈悲精神來連貫。一旦審判者的思想從外面滲透進來。那麼，佛教的慈悲精神馬上會把那些冷酷思想柔軟地鬆動起來。換句話說，審判身份的閻羅王，實際上等於地藏菩薩的化身。閻羅王不是真正在動怒。不論如何，他的作爲和目的都是爲了衆生和方便。有些衆生領教到地獄的冷酷，也許才有脫離輪迴的心意。如果看到「十王圖」時，表面上有十位陰間之王露出恐怖形相在斥呵罪人，而背後卻隱藏著地藏菩薩溫和慈祥的面孔。在中國，似乎從隋唐以後才有愈來愈多人信仰地藏菩薩。

中亞有過地獄圖──

不論極樂或地獄世界，都不是我們現世的人所能看得到的。日本各個山地都有所謂彌陀原或地獄谷等馳名所在。這主要是和尚們在遍遊名山大澤時，爲了自己修行和教化衆生的方便才逐一給它取用這樣的名稱。

而今地獄與賽河原都先後成了溫泉地區的遊樂場所了。有些地方甚至用來眺望風景。很有趣的是，還出現「西河原」。「賽河原」的「賽」是目標字，「賽河原」現在又要成爲「西河原」的樣子。這恐怕是從「西方淨土」聯想出來的，殊不知地獄或這些河原並非在西方，而是在贍部洲下面。

對於中世紀的人們來說，不論歐洲人和日本人都不例外，他們心目中的地獄是很實際的存在。現實上，日本與歐洲相距遙遠，不過，雙方在這方面都有極類似的世界觀，這一點實在令人不勝驚異，日本從平安時代起到鎌倉時代這段日子，末法思想很普遍，到處可見地獄草紙和餓鬼草紙的描劃，很多人都希望往生淨土，不料，歐洲人也有終末觀的思想，不論德國與法國都一樣，十二、三世紀的大寺院都畫有地獄圖。

二十世紀前半，有一群法國學者在阿富汗的哈達這個地方，挖出不少佛教遺跡，其中有石粉像的群魔表情，居然跟他們國家大寺院的魔物臉相很類似，不禁讓人們吃了一驚，從時代前後來說，哈達的東西為期更早（四、五世紀）。我想，他們在這裡看到了基督教寺院那些魔像的淵源才對。後來，又有另外的學者認為兩者都出自羅馬美術，之後才影響羅馬帝國周邊的國家。所以兩者的相似點是由於間接關係而產生的結果。

哈達的石粉像方面有沒有跟地獄觀念連結一起呢？這一點並不清楚。不過，後來我們倒認為這些像跟地獄群魔的表現是有關係的。佛教的地獄圖在印度存在與否？實況雖然不清楚，但從遺跡上看來，卻能明顯地發現它曾經存在中亞。同時，我們也肯定這跟日本的地獄圖有牽連。

由此看來，中世紀時代的日本跟歐洲透過地獄圖也不能說毫無關係。

七、佛教的宇宙觀與現代

1、從實踐的宇宙觀到神話

怎樣思考人生的苦惱呢？

以上談過佛教宇宙觀及其遷變的問題了。如把佛教宇宙觀跟現代的科學宇宙觀作一比較，那麼，就會看到自然世界只關係人的命運，而難免含有宗教的實踐色彩；再跟其他宗教如基督教的宇宙觀作比較的話，佛教認爲宇宙的存在無關神的力量，所以世界的苦惱是一種本質的存在，這個觀點帶有厭世的色彩。

因爲我在這方面談得不少，現在讀者自己也不妨檢討一下佛教宇宙觀，這樣會得到各種結論。所以，恕我不在這方面討論下去，只想探究一下佛教宇宙觀的變遷問題。不過，本書所說的變遷，絕不是一種專業性的見解。

如果漠然地觀察本書所說佛教宇宙觀的變遷，表面上似乎毫無意義，但若將它看作一項觀點，那就是人類怎樣思考人生的苦惱問題。結果，也會使人感到這未嘗不是一個方向變化。總之，人類逐漸不覺得人生的苦惱，結果必然產生佛教的宇宙觀，而走上神話式的途徑。現在，我要把這種變遷在本書分成三段來思索。

第一、從第一章到第四章的絶大部份，都跟古典的宇宙觀作比較，而這個階段涵蓋釋尊時代，到五世紀世親的「小乘佛教徒」。

如衆所週知，佛教便把這部份的所有思想，當作人生苦惱的起點而展開熱烈的探討了。最初期的重要教義之一，就是「苦集滅道」，大家認爲釋尊出家的理由，在於他明白了人生「老病死」等三大不幸（「四門出遊」的傳說）。我們不妨以輪迴的方式來理解生存的始末，只要有無明（無知）存在，生存的苦惱就會永遠持續，這樣一來，若要消滅無明，就得好好落實修行，於是，修行成了大衆最關心的事。關於這方面，我已在本書第二章和第四章裡談得很清楚了。在那種情狀下，生存即苦惱成了大家的常識，須彌山與贍部洲也只不過是迷妄的存在，大家都感受到自己正處在苦惱中。所以，大家都把苦惱當作自己切實的問題來處理，那種想要逃離苦惱的衝動，迫使大家反射性地走上修行之路。

宗教的教說與神話化——

第二、相當於本書第五章的階段，也就是極樂思想的產生時期。若以時代來說，大約在紀元一、二世紀左右，適值大乘佛教的興隆期。這時候，大家多少能夠紓解一下苦惱的苛酷程度。大家甚至能在「充滿苦惱的人生」裡發現快樂，似乎也能執著那些快樂了。人生沒有什麼反動性力量足以迫使自己去修行，反而有某種力量啓發自己重視自己。爲了衆生而讓覺悟世界延期了，而這種被延期的世界便是極樂。

但是，在這種描寫極樂的內容裡，也放進世俗性的快樂，而展開不少裝飾性的說明。於是第一階段的衆生把所有存在形式當作惡，而一心一意把「無」的狀態理想化起來，結果呈現一種極爲不同的精神。

第三、相當於第六章階段時，也是地獄說發展以後的時代。雖然內容方面充實多了，但對於地獄也產生一種嶄新的觀念，毋寧說，對地獄的恐怖淡薄起來了。這時候，早已不把苦惱當做自己的問題來思考。依他們看，苦惱是人類共同的命運，而把它抽象化起來，結果使修行的實踐日漸没落了。地獄的描寫變成神話性，甚至讓人覺得是一種文學的浪漫主義。其所以如此，或許以爲人生不完全是苦海，和心有餘力所產生的結果。

以上是本書對宇宙觀的窺視，並敘述苦惱思考的方式有三種變遷階段。苦惱對人生的威脅逐漸消失，在苦惱的恐怖下所締造的佛教宇宙觀也逐漸喪失了現實特性。這個雖然是較先的思想，可惜逐漸僵化和神話化了。再看希臘方面，古代宗教的教說早在紀元前便步上神話化的過程，而佛教的宇宙觀雖然遲緩了一些，卻也走上同樣的道路了。

依我看，現代人對苦惱的思考方式，無異把上述的傾向再跨進一步。人生固然一片苦海，卻也是一處能夠得到幸福的場所。現代人以爲苦惱也有某種積極性的意義。在日本江户時代，熊澤蕃山曾經讚嘆：「憂慮之餘，尚有身力」，從此再也看不見逃避苦惱那種佛教的生活態度，反而呈現一種毅然面對苦惱的近代人的風貌。

佛教的宇宙觀破產了嗎？

佛教的價值觀在近代社會所以會改觀，倒不限於苦惱的問題，還有其他方面的例子，例如「諦」是把真理「弄清楚」，在佛教看作一種最高的宗教行爲，不過，而今的「諦」卻成了惡德。還有「我慢」也屬於一種慢心，理應受到排斥，而今父母親經常吩咐孩子要「我慢」，意思是「忍耐」。真宗教徒視「他力本願」爲無上的德目，殊不知政治家們一直在排除它，這種現象人人皆知了。

從江户時代起，這種傾向就很明顯了，其所以這樣，恐怕跟日本人的生活方式及社會制度等方面的變化有關連。西方科學的輸入，加上近代人對於印度的實情逐漸認知，無異推波助瀾，配合時代潮流，致使佛教宇宙觀的權威愈來愈下降了。若用宗教真理的角度來解說佛教宇宙觀，那麼，必然會遇到反擊，而今日本學者們也發出嚴厲的批判了。

例如，平田篤胤攜帶一名荷蘭籍的僕人到日本，他跟錫蘭人來往之際，削弱了「天竺」的權威，把「極樂」的信仰竭力嘲弄一番。他引用『阿彌陀經』的說法——極樂世界有晝夜循環，果真這樣，那個極樂所在也照樣沐浴在太陽與月光下，似乎也存在大地上面，事實上又非如此，不然的話，日本是一個好地方，也許那個極樂正是指日本也說不定，因爲地球是圓的，只要從印度往西方走，最後會到日本來啦！

此外，他又嘲笑在極樂世界的蓮花上坐久了，便開始打哈欠，大談市井傳說，不停地打噴嚏，也許一不注意落下水裡也說不定，這時候，非事先練習游泳不可，即使如此，萬一溺死的話，不知他會投胎到哪裡呢？

由此可見，如果以實踐思想的角度來說，佛教宇宙觀好像在封閉人的生命。不過，這是古代所有宗教宇宙觀遲早要走的路。由於世人的意識逐漸發達，知識也不斷普及，使理性精神非常高昂，幾乎形成一股足以拖跨長年權威的巨大力量。果真爲芸芸衆生著想的話，毋寧說，這是很可喜的現象。

但是，佛教宇宙觀絶對不會讓人遺忘，因爲它是現實跟宗教世界打成一片的宇宙觀。龐大壯觀的體系和豐富細膩的解說，才是佛教所獨有的東西。它不僅是昔日的精神遺產，而今仍舊有一股力量鼓舞現代人的想像力。乍見下，它彷彿一件現代人根本不能穿的衣服，殊不知古代與中世紀人們的精神世界裡，仍有一股讓我們動心的魅力。這就像希臘神話即使失去宗教方面的存在意義，然而，它依舊能夠抓住全世界的人心一樣。

2、佛教宇宙觀的提示

從現實與客觀的認識開始——

在所謂早已燒成灰的佛教宇宙觀裡，仍然留存若干萌芽的可能性，而不是從此一了百了。

首先談到輪迴思想。許多現代人以爲那是老古董，再也不願意回頭看它。其實仔細一想，這一套思想在現代社會也能派得上用場。例如，蚯蚓的屍體回歸泥土裡，牠的成份改頭換面而變成了草，草能夠養牛，而牛又能讓人食用。人死後回到泥土裡，再度成了蚯蚓。此外，再來追蹤一下一個氮原子的移動場所，難免讓人想起末伽梨主張，也許也在一百四十萬六千六百個「生門」之間來回轉動也說不定。

我們不妨將這套思想放在身邊來思考一下，也許更容易明白輪迴的意義。世間有許多人出生，也有許多人死去。先出生的人，在憤怒、熱愛與憎恨交集下，精疲力倦地死去時，下一陣的人又開始愛憎交加的生活。人生就是一陣迷惑，人類也是煩惱的存在。「輪迴」就是把這樣沒有意義的生死不休，反覆不停的情狀直觀地表現出來。

但是，我們若要感受迷惘的人生，最簡捷的方法莫過於注意自己的內在生活。長大成人以後，不斷表現自己內心的醜態，做盡僞善和惡事。其間，難免遭到許多次的自信與失望——倘若連續遇到失望挫折，當然會飽受苦惱了，少年時代對人生多少讚美，也不時歌頌人類的尊嚴，這時，那些也都遠走高飛。雖然，他對於大自然與人生的多彩多姿也深受感動，不過，他早已不排除人生與輪迴的看法了。

由此看來，也許不乏一大群讀者會覺得輪迴思想有損生命的尊嚴，根本是一種憂鬱的思想。在平安後期的日本人，整個精神狀況都受制於無常思想，有些人一想到那種實況，也許認爲佛教是無聊幼稚，有善於人類的思想。

不過，佛教終究很重視現實，也是從這個理念出發，縱使不是自己期待中那麼一回事，甚至剛好相反，但亦非透過一種想要生活愉快的功利主義，便會締造什麼方便思想，而且，輪迴思想不一定會使人產生氣餒或畏怯的生活態度。

「努力不懈」的教誨

輪迴思想在日本衍生的結果，只不過是可能的結果之一，這一點將在下面討論。因此，「厭世主義」與「虛無主義」兩個名詞常常用來相提並論。我們很難明確地給它們下定義和區別，一般來說，厭世主義的解釋是：「這個世界不夠圓滿，而懷有排斥的感觸」，而虛無主義的定義是：「全都是空的」。總之，厭世主義者認爲這個世間不夠圓滿，不盡完美，而不是否定一切。

若從這個觀點說，印度的佛教徒一定屬於厭世主義，就是否定這個世間是一種輪迴的存在。然而，他們在另一方面卻抱著一項明確的目標——想要解脫。這樣一來，他們便走上修行這條固定的路了。在印度佛教徒的人生觀方面，輪迴與解脫彷彿一輛車子不能缺少兩個輪子一樣。

釋尊最後說一句話：「各種事象都是過去的事，你們要努力修行。」因爲「各種事象都是過去的東西」，所以，才要「努力去完成修行」，必須克服這個不圓滿的世界。對於印度佛教徒來說，厭世觀無異一股邁向崇高目標的原動力。

不料，當這種厭世的人生觀一進入日本，便帶有虛無主義的色彩了。在奈良時代，表面上好像僅有外形影響力的佛教，到了平安時代，便進入日本人的精神生活裡了。這樣一來，在平安時代後期的佛教，簡直是「諸行無常」這個術語的象徵，讓人湧起悲戚的人生感觸了。

爲何會這樣呢？原因是，當時的日本人忘了釋尊那句遺言的後半段：「努力不懈怠」，這可以說迷失了應該邁進的目標。然而，大家恐怕都不知道爲什麼會失去「努力不懈怠」的精神呢？

這真是一個難題，其所以如此，原因之一看來好像存在佛教本身裡面。那就是大乘佛教「空」的思想了。奈良時代的小乘佛教很興旺，可惜在平安時代的大乘佛教便驅逐了小乘佛教。「空」的理論常常採取一種立場來批判小乘佛教否定現世的態度。乍見下，它好像會帶來明朗的人生觀，而實際上卻是莫測高深，也含有某種麻痺作用，好像會把一切價值觀變成不確實與不穩定。例如，它會削弱人生的否定態度，也同時會減低對修行的衝動。一切既不好也不壞……。

虛無即是無緣的精神

除了佛教的內在原因之外，還有一項容納條件也應該要考量，就是佛教跟俗人的貴族階級結合，也跟文學扯上了。貴族階級忘了作業，尤其脫離現實生活，有某種優游於沈思默想或幻想世界的傾向。餘暇只會隨心所欲，全心投入自己的嗜好，而他們所能做的事，不外滿懷一種美的意識遊山玩水，整天陶醉在這種氣氛下，甚至也把死亡看成一種美感。

上面談到世人對苦惱的思考有三個變化階段，而那個時代相當於其中第二個階段。世人雖然信受佛教，認爲人生不是圓滿或完美無缺的存在，但在另一方面也會追求人生的美好與快樂。誠如西行法師所歌誦：「春死在花下」，足以充分表現這種傾向了。釋尊時代那種充滿幹勁，朝氣蓬勃的人生態度，終於在一種對人生氣餒與沮喪自憐中淡薄下來。在平安時代末期的世俗化佛教，可以說失去這個「目標」與「道」，尤其失去了「道」。

由此可見，佛教的人生觀原本是厭世主義，而不是虛無主義。釋尊滿懷慈愛的精神，完全淵源於前者，而絕不是從後者衍生出來的吧！以前，我一直用厭世性語氣來說明佛教宇宙觀，但在另一方面卻預料解脱這項崇高的目標。只要這項目標不見了，佛教便會陷入虛無觀裡。

那麼，目標方面一定要伴隨著「道」才行，如果談到禪，那麼，解脱當然是目標，而修行（坐禪或打坐）便是所謂「道」了。若談到淨土思想，目標是往生得救，而「道」就是念佛了。没有「道」的時候，那麼，目標便失掉實際的意義了。

然而，佛教除這個以外也還有「道」。禪家所謂「平常心是道」，若依照我的解釋，那就是平凡的日日生活本身，即是道的實踐。換句話說，捨棄我執，反而可以成道。這種日常生活跟以前不一樣。以前，一面投入日常生活裡，卻一面把心放在較高價值的事物上，也就心態與現實生活不搭配。我們愈貫徹輪迴的生存，便愈能看見那些事物的燦爛光輝。只要安心於輪迴的生存方式，能夠委身於這種生活，也有崇高的價值存在。有些人沒有這項目標，便會覺得這個世間，無疑是個無可代替的惟一世界，那麼，絕望便到處在等待他了。反之，若懷有這項目標時，便能發現這個世間有相當的優裕或空間，而沒有那麼侷促的感覺。雖然，這是反面的論調，不過，卻能使人產生寬闊的生活態度，而把這個世間看成一片美好。也許這種人生觀未免厭世，但不是虛無的。

透過禪的實踐——

禪定跟輪迴思想一樣，也對現代人有某種教誨意義。誠如前述，依佛教看來，多彩多姿的世界根本是一個迷惑世界。多彩多姿的世界會隨著感官活動的擴大而擴大起來。因此，解脫一定要從感官的控制開始才行，而禪定正是這方面的手段。讓精神逐漸統一鎮定，慢慢實現合而爲一的世界。

從這種禪的實踐裡，便生出很高層次的哲學，有時還能展現出一種不亞於西方哲學的思想。笛卡爾說：「我思故我在。」他的意思是，先懷疑一切存在的實際性，最後，才只對自己的存在不懷疑。然而，佛教卻比這個更具有前瞻性。因爲佛教認爲存在問題跟心（意識）的問題連在一起。世界的存在還原於「我」之中。所謂「我在」，也只不過是一個限定的階段罷了。「我在」時候的人是誰呢？

倘若再看裡面那個「我」，追根究柢下去的話，那麼，我們會得到「識無邊處」、「無所有處」和「非想非非想處」等概念，而這些概念也會漸漸成爲高層次的東西，那麼，最後會到達某種超越言語的階段。

從上述平田篤胤的例子裡，也顯示這項哲學極易造成誤解。且說「非想非非想處」的教義，本來是當初阿羅羅仙人教給釋尊的東西，而釋尊卻批評這項教義。現在，篤胤爲了替仙人辯護，便依照自己的誤解與曲解而發表以下的話。

「非想」是「不想壞事」，「非非想」是「不會不想善事，即是想」，這一來，想善而不想惡的情形，便是解脱了。所以，阿羅羅仙人提倡「非想非非想處」的教義没有錯。釋尊爲了自求解脱，竟敢捨棄妻兒，簡直是個壞蛋。所以，他才會憤怒地批評阿羅羅仙人。佛經上討論「非想非非想」的内涵，當然放在一種超越善惡的範疇上進行的。

科學性與現代性

上面談到輪迴與解脫的關係，之後，不妨再看看宇宙觀所具有的現代意義。當然，以印度爲中心的宇宙觀，和地獄存在地球內部的觀點也都不適合今天的解釋了。還有上述平田篤胤批評極樂的例子也一樣。然而，把佛教的宇宙觀解作所有現實的地理描述，藉此指責其缺陷也未必恰當。因爲就某種程度說，佛教宇宙觀是建立在象徵主義上面。例如，它用很明確與完整的數字來表示天界的排列組合，只要看到這一點，就知道它有一套極大膽的圖示特性，可見作者一開始就準備用象徵的手法。沒錯，作者不是象徵性地說明這套宇宙觀。然而，因爲他表現大膽，才使人以爲這是聞所未聞的象徵性東西。

其實，如果能接受這套解說，那麼，佛教宇宙觀在古代無疑是最高層次的世界觀，至少它能淺顯易懂又很鮮明地把一個完整的宇宙形象與世界形象，很恰當地刻劃到人們的腦海裡。這樣一來，即使各個數字與形態不一定完全符合實際也不要緊。

若把它放在這種前提上面，那麼，我們會很驚訝地發現佛教的宇宙，幾乎跟近代的科學宇宙觀多麼類似。如同上述，佛教的宇宙觀主張有許多個世界存在，歷盡非常漫長的時間，在反覆的生成壞滅之中。這種狀況會在未來永遠持續下去。關於空間與時間的數字，會以等比級數方式擴大，對宇宙的觀點會朝極大與極微的方向，幾乎無限程度地擴大起來。如果從這些說明裡除掉其圖式性、獨斷性和神話性的話，那麼，站在近代科學的立場上說，這跟太陽系、銀河系、星雲，星雲的誕生、消滅，從宇宙空間的塵狀物質，直到天體的誕生，幾萬光年或幾億光年等概念非常相似。結果，甚至使人聯想到二千年前的話，翻譯成現代的言語以後，那些內容居然跟現代宇宙觀相去不太遠，真是極不可思議的事。

綜合科學與宗教的宇宙觀——

佛教的象徵性解釋，也適用在地獄與極樂方面。誠如上述；諸有情的業力，造成人間與地獄界。而且在許多情況下，業是盲目形成，業又生業，而這些業聚集成爲共業，才把芸芸衆生拉進料想不到或無法抗拒的命運裡。我們居住的日本和地球，不知那一天會轉到地獄裡去。我們常常聽到「考試地獄」、「通勤地獄」，都是解釋地獄的象徵性例子。

相比之下，佛教的極樂也在恢復它的真實性。在極樂世界裡，鳥語花香，潺潺溪水，非常迷人。我們不僅把這些想得很單純，也很瞧不起它。殊不知我們會因此失去它，只有這種地方才是真正的極樂所在，而我們豈非要重新認識嗎？

我要再談一項有關佛教宇宙觀所提示的可能性。那就是科學與宗教統一的可能性了。很久以來，大家都把宗教與科學的分裂當作一項大問題，而且到目前爲止，似乎看不出有什麼解決的端倪，甚至還聽到一種呼籲，科學與宇宙應該放在不同範疇來處理才對。看來這種聲音主要來自宗教家方面的樣子。這就給世人一種印象說，面對科學所明示的真理，有些宗教家迷惑之餘，似乎爲了護持自己的存在而辯護。

話雖如此，但是，科學聲聞這種宗教的呼喚，便採取懷柔策略，似乎把人生的意義與幸福問題的討論當作自身的禁忌了。然而，這兩種相反（至少不能統一）的思想會使人們真正安心嗎？答案是否定的。科學與宗教應該放在不同範疇來解決的想法，根本是一項迷信。大家爲了要懷著信念生活下去，就非得有一套統一的世界觀不可。

佛教宇宙觀很巧妙地把科學與宗教結合起來，而這種宇宙觀也不停地思考人間的苦惱與解脫。現代的宇宙觀常常忘了人生的幸福，然而，佛教一時也沒有忘記這些。的確，在佛教宇宙觀裡，有些科學性的論點太古老，不符合日新月異的科學潮流而派不上用場。

但是，科學在佛教宇宙觀裡不是獨斷的教條，它隨時能夠變換成新知識。業、輪迴、苦與解脫等宗教的層面，完全能跟嶄新的科學並存，不論將來有什麼樣的世界觀產生都能站得住。至少佛教宇宙觀的既存事實，提示某種可能——統一科學與宗教的新世界觀。

大展出版社有限公司	圖書目錄

地址：台北市北投區11204 致遠一路二段12巷1號　電話：(02) 8236031 8236033
郵撥： 0166955～1　傳眞：(02) 8272069

・法律專欄連載・電腦編號 58

台大法學院 法律學系／策劃 法律服務社／編著

①別讓您的權利睡著了[1]	200元
②別讓您的權利睡著了[2]	200元

・秘傳占卜系列・電腦編號 14

①手相術	淺野八郎著	150元
②人相術	淺野八郎著	150元
③西洋占星術	淺野八郎著	150元
④中國神奇占卜	淺野八郎著	150元
⑤夢判斷	淺野八郎著	150元
⑥前世、來世占卜	淺野八郎著	150元
⑦法國式血型學	淺野八郎著	150元
⑧靈感、符咒學	淺野八郎著	150元
⑨紙牌占卜學	淺野八郎著	150元
⑩ＥＳＰ超能力占卜	淺野八郎著	150元
⑪猶太數的秘術	淺野八郎著	150元
⑫新心理測驗	淺野八郎著	160元

・趣味心理講座・電腦編號 15

①性格測驗１	探索男與女	淺野八郎著	140元
②性格測驗２	透視人心奧秘	淺野八郎著	140元
③性格測驗３	發現陌生的自己	淺野八郎著	140元
④性格測驗４	發現你的真面目	淺野八郎著	140元
⑤性格測驗５	讓你們吃驚	淺野八郎著	140元
⑥性格測驗６	洞穿心理盲點	淺野八郎著	140元
⑦性格測驗７	探索對方心理	淺野八郎著	140元
⑧性格測驗８	由吃認識自己	淺野八郎著	140元
⑨性格測驗９	戀愛知多少	淺野八郎著	140元

⑩性格測驗10	由裝扮瞭解人心	淺野八郎著	140元
⑪性格測驗11	敲開內心玄機	淺野八郎著	140元
⑫性格測驗12	透視你的未來	淺野八郎著	140元
⑬血型與你的一生		淺野八郎著	160元
⑭趣味推理遊戲		淺野八郎著	160元
⑮行爲語言解析		淺野八郎著	160元

・婦 幼 天 地・電腦編號16

①八萬人減肥成果	黃靜香譯	180元
②三分鐘減肥體操	楊鴻儒譯	150元
③窈窕淑女美髮秘訣	柯素娥譯	130元
④使妳更迷人	成　玉譯	130元
⑤女性的更年期	官舒妍編譯	160元
⑥胎內育兒法	李玉瓊編譯	150元
⑦早產兒袋鼠式護理	唐岱蘭譯	200元
⑧初次懷孕與生產	婦幼天地編譯組	180元
⑨初次育兒12個月	婦幼天地編譯組	180元
⑩斷乳食與幼兒食	婦幼天地編譯組	180元
⑪培養幼兒能力與性向	婦幼天地編譯組	180元
⑫培養幼兒創造力的玩具與遊戲	婦幼天地編譯組	180元
⑬幼兒的症狀與疾病	婦幼天地編譯組	180元
⑭腿部苗條健美法	婦幼天地編譯組	150元
⑮女性腰痛別忽視	婦幼天地編譯組	150元
⑯舒展身心體操術	李玉瓊編譯	130元
⑰三分鐘臉部體操	趙薇妮著	160元
⑱生動的笑容表情術	趙薇妮著	160元
⑲心曠神怡減肥法	川津祐介著	130元
⑳內衣使妳更美麗	陳玄茹譯	130元
㉑瑜伽美姿美容	黃靜香編著	150元
㉒高雅女性裝扮學	陳珮玲譯	180元
㉓蠶糞肌膚美顏法	坂梨秀子著	160元
㉔認識妳的身體	李玉瓊譯	160元
㉕產後恢復苗條體態	居理安・芙萊喬著	200元
㉖正確護髮美容法	山崎伊久江著	180元
㉗安琪拉美姿養生學	安琪拉蘭斯博瑞著	180元
㉘女體性醫學剖析	增田豐著	220元
㉙懷孕與生產剖析	岡部綾子著	180元
㉚斷奶後的健康育兒	東城百合子著	220元
㉛引出孩子幹勁的責罵藝術	多湖輝著	170元
㉜培養孩子獨立的藝術	多湖輝著	170元

㉝子宮肌瘤與卵巢囊腫	陳秀琳編著	180元
㉞下半身減肥法	納他夏・史達賓著	180元
㉟女性自然美容法	吳雅菁編著	180元

・青 春 天 地・電腦編號 17

①A血型與星座	柯素娥編譯	120元
②B血型與星座	柯素娥編譯	120元
③O血型與星座	柯素娥編譯	120元
④AB血型與星座	柯素娥編譯	120元
⑤青春期性教室	呂貴嵐編譯	130元
⑥事半功倍讀書法	王毅希編譯	150元
⑦難解數學破題	宋釗宜編譯	130元
⑧速算解題技巧	宋釗宜編譯	130元
⑨小論文寫作秘訣	林顯茂編譯	120元
⑪中學生野外遊戲	熊谷康編著	120元
⑫恐怖極短篇	柯素娥編譯	130元
⑬恐怖夜話	小毛驢編譯	130元
⑭恐怖幽默短篇	小毛驢編譯	120元
⑮黑色幽默短篇	小毛驢編譯	120元
⑯靈異怪談	小毛驢編譯	130元
⑰錯覺遊戲	小毛驢編譯	130元
⑱整人遊戲	小毛驢編著	150元
⑲有趣的超常識	柯素娥編譯	130元
⑳哦！原來如此	林慶旺編譯	130元
㉑趣味競賽100種	劉名揚編譯	120元
㉒數學謎題入門	宋釗宜編譯	150元
㉓數學謎題解析	宋釗宜編譯	150元
㉔透視男女心理	林慶旺編譯	120元
㉕少女情懷的自白	李桂蘭編譯	120元
㉖由兄弟姊妹看命運	李玉瓊編譯	130元
㉗趣味的科學魔術	林慶旺編譯	150元
㉘趣味的心理實驗室	李燕玲編譯	150元
㉙愛與性心理測驗	小毛驢編譯	130元
㉚刑案推理解謎	小毛驢編譯	130元
㉛偵探常識推理	小毛驢編譯	130元
㉜偵探常識解謎	小毛驢編譯	130元
㉝偵探推理遊戲	小毛驢編譯	130元
㉞趣味的超魔術	廖玉山編著	150元
㉟趣味的珍奇發明	柯素娥編著	150元
㊱登山用具與技巧	陳瑞菊編著	150元

•健康天地•電腦編號18

①壓力的預防與治療	柯素娥編譯	130元
②超科學氣的魔力	柯素娥編譯	130元
③尿療法治病的神奇	中尾良一著	130元
④鐵證如山的尿療法奇蹟	廖玉山譯	120元
⑤一日斷食健康法	葉慈容編譯	150元
⑥胃部強健法	陳炳崑譯	120元
⑦癌症早期檢查法	廖松濤譯	160元
⑧老人痴呆症防止法	柯素娥編譯	130元
⑨松葉汁健康飲料	陳麗芬編譯	130元
⑩揉肚臍健康法	永井秋夫著	150元
⑪過勞死、猝死的預防	卓秀貞編譯	130元
⑫高血壓治療與飲食	藤山順豐著	150元
⑬老人看護指南	柯素娥編譯	150元
⑭美容外科淺談	楊啟宏著	150元
⑮美容外科新境界	楊啟宏著	150元
⑯鹽是天然的醫生	西英司郎著	140元
⑰年輕十歲不是夢	梁瑞麟譯	200元
⑱茶料理治百病	桑野和民著	180元
⑲綠茶治病寶典	桑野和民著	150元
⑳杜仲茶養顏減肥法	西田博著	150元
㉑蜂膠驚人療效	瀨長良三郎著	150元
㉒蜂膠治百病	瀨長良三郎著	180元
㉓醫藥與生活	鄭炳全著	180元
㉔鈣長生寶典	落合敏著	180元
㉕大蒜長生寶典	木下繁太郎著	160元
㉖居家自我健康檢查	石川恭三著	160元
㉗永恒的健康人生	李秀鈴譯	200元
㉘大豆卵磷脂長生寶典	劉雪卿譯	150元
㉙芳香療法	梁艾琳譯	160元
㉚醋長生寶典	柯素娥譯	180元
㉛從星座透視健康	席拉•吉蒂斯著	180元
㉜愉悅自在保健學	野本二士夫著	160元
㉝裸睡健康法	丸山淳士等著	160元
㉞糖尿病預防與治療	藤田順豐著	180元
㉟維他命長生寶典	菅原明子著	180元
㊱維他命C新效果	鐘文訓編	150元
㊲手、腳病理按摩	堤芳郎著	160元
㊳AIDS瞭解與預防	彼得塔歇爾著	180元

㊴甲殼質殼聚糖健康法	沈永嘉譯	160元
㊵神經痛預防與治療	木下眞男著	160元
㊶室內身體鍛鍊法	陳炳崑編著	160元
㊷吃出健康藥膳	劉大器編著	180元
㊸自我指壓術	蘇燕謀編著	160元
㊹紅蘿蔔汁斷食療法	李玉瓊編著	150元
㊺洗心術健康秘法	竺翠萍編譯	170元
㊻枇杷葉健康療法	柯素娥編譯	180元
㊼抗衰血癒	楊啟宏著	180元
㊽與癌搏鬥記	逸見政孝著	180元
㊾冬蟲夏草長生寶典	高橋義博著	170元
㊿痔瘡・大腸疾病先端療法	宮島伸宜著	180元
(51)膠布治癒頑固慢性病	加瀨建造著	180元
(52)芝麻神奇健康法	小林貞作著	170元
(53)香煙能防止癡呆？	高田明和著	180元
(54)穀菜食治癌療法	佐藤成志著	180元

・實用女性學講座・電腦編號 19

①解讀女性內心世界	島田一男著	150元
②塑造成熟的女性	島田一男著	150元
③女性整體裝扮學	黃靜香編著	180元
④女性應對禮儀	黃靜香編著	180元

・校 園 系 列・電腦編號 20

①讀書集中術	多湖輝著	150元
②應考的訣竅	多湖輝著	150元
③輕鬆讀書贏得聯考	多湖輝著	150元
④讀書記憶秘訣	多湖輝著	150元
⑤視力恢復！超速讀術	江錦雲譯	180元
⑥讀書36計	黃柏松編著	180元
⑦驚人的速讀術	鐘文訓編著	170元

・實用心理學講座・電腦編號 21

①拆穿欺騙伎倆	多湖輝著	140元
②創造好構想	多湖輝著	140元
③面對面心理術	多湖輝著	160元
④偽裝心理術	多湖輝著	140元
⑤透視人性弱點	多湖輝著	140元

⑥自我表現術	多湖輝著	150元
⑦不可思議的人性心理	多湖輝著	150元
⑧催眠術入門	多湖輝著	150元
⑨責罵部屬的藝術	多湖輝著	150元
⑩精神力	多湖輝著	150元
⑪厚黑說服術	多湖輝著	150元
⑫集中力	多湖輝著	150元
⑬構想力	多湖輝著	150元
⑭深層心理術	多湖輝著	160元
⑮深層語言術	多湖輝著	160元
⑯深層說服術	多湖輝著	180元
⑰掌握潛在心理	多湖輝著	160元
⑱洞悉心理陷阱	多湖輝著	180元
⑲解讀金錢心理	多湖輝著	180元
⑳拆穿語言圈套	多湖輝著	180元
㉑語言的心理戰	多湖輝著	180元

• 超現實心理講座 • 電腦編號 22

①超意識覺醒法	詹蔚芬編譯	130元
②護摩秘法與人生	劉名揚編譯	130元
③秘法！超級仙術入門	陸　明譯	150元
④給地球人的訊息	柯素娥編著	150元
⑤密教的神通力	劉名揚編著	130元
⑥神秘奇妙的世界	平川陽一著	180元
⑦地球文明的超革命	吳秋嬌譯	200元
⑧力量石的秘密	吳秋嬌譯	180元
⑨超能力的靈異世界	馬小莉譯	200元
⑩逃離地球毀滅的命運	吳秋嬌譯	200元
⑪宇宙與地球終結之謎	南山宏著	200元
⑫驚世奇功揭秘	傅起鳳著	200元
⑬啟發身心潛力心象訓練法	栗田昌裕著	180元
⑭仙道術遁甲法	高藤聰一郎著	220元
⑮神通力的秘密	中岡俊哉著	180元

• 養 生 保 健 • 電腦編號 23

①醫療養生氣功	黃孝寬著	250元
②中國氣功圖譜	余功保著	230元
③少林醫療氣功精粹	井玉蘭著	250元
④龍形實用氣功	吳大才等著	220元

⑤魚戲增視強身氣功	宮　嬰著	220元
⑥嚴新氣功	前新培金著	250元
⑦道家玄牝氣功	張　章著	200元
⑧仙家秘傳袪病功	李遠國著	160元
⑨少林十大健身功	秦慶豐著	180元
⑩中國自控氣功	張明武著	250元
⑪醫療防癌氣功	黃孝寬著	250元
⑫醫療強身氣功	黃孝寬著	250元
⑬醫療點穴氣功	黃孝寬著	250元
⑭中國八卦如意功	趙維漢著	180元
⑮正宗馬禮堂養氣功	馬禮堂著	420元
⑯秘傳道家筋經內丹功	王慶餘著	280元
⑰三元開慧功	辛桂林著	250元
⑱防癌治癌新氣功	郭　林著	180元
⑲禪定與佛家氣功修煉	劉天君著	200元
⑳顛倒之術	梅自強著	元
㉑簡明氣功辭典	吳家駿編	元

・社會人智囊・電腦編號 24

①糾紛談判術	清水增三著	160元
②創造關鍵術	淺野八郎著	150元
③觀人術	淺野八郎著	180元
④應急詭辯術	廖英迪編著	160元
⑤天才家學習術	木原武一著	160元
⑥猫型狗式鑑人術	淺野八郎著	180元
⑦逆轉運掌握術	淺野八郎著	180元
⑧人際圓融術	澀谷昌三著	160元
⑨解讀人心術	淺野八郎著	180元
⑩與上司水乳交融術	秋元隆司著	180元
⑪男女心態定律	小田晉著	180元
⑫幽默說話術	林振輝編著	200元
⑬人能信賴幾分	淺野八郎著	180元
⑭我一定能成功	李玉瓊譯	元
⑮獻給青年的嘉言	陳蒼杰譯	元
⑯知人、知面、知其心	林振輝編著	元

・精 選 系 列・電腦編號 25

①毛澤東與鄧小平	渡邊利夫等著	280元
②中國大崩裂	江戶介雄著	180元

③台灣・亞洲奇蹟	上村幸治著	220元
④7-ELEVEN高盈收策略	國友隆一著	180元
⑤台灣獨立	森　詠著	200元
⑥迷失中國的末路	江戶雄介著	220元
⑦2000年5月全世界毀滅	紫藤甲子男著	180元

・運　動　遊　戲・電腦編號 26

①雙人運動	李玉瓊譯	160元
②愉快的跳繩運動	廖玉山譯	180元
③運動會項目精選	王佑京譯	150元
④肋木運動	廖玉山譯	150元
⑤測力運動	王佑宗譯	150元

・銀髮族智慧學・電腦編號 28

①銀髮六十樂逍遙	多湖輝著	170元
②人生六十反年輕	多湖輝著	170元
③六十歲的決斷	多湖輝著	170元

・心　靈　雅　集・電腦編號 00

①禪言佛語看人生	松濤弘道著	180元
②禪密教的奧秘	葉逯謙譯	120元
③觀音大法力	田口日勝著	120元
④觀音法力的大功德	田口日勝著	120元
⑤達摩禪106智慧	劉華亭編譯	150元
⑥有趣的佛教研究	葉逯謙編譯	120元
⑦夢的開運法	蕭京凌譯	130元
⑧禪學智慧	柯素娥編譯	130元
⑨女性佛教入門	許俐萍譯	110元
⑩佛像小百科	心靈雅集編譯組	130元
⑪佛教小百科趣談	心靈雅集編譯組	120元
⑫佛教小百科漫談	心靈雅集編譯組	150元
⑬佛教知識小百科	心靈雅集編譯組	150元
⑭佛學名言智慧	松濤弘道著	220元
⑮釋迦名言智慧	松濤弘道著	220元
⑯活人禪	平田精耕著	120元
⑰坐禪入門	柯素娥編譯	150元
⑱現代禪悟	柯素娥編譯	130元
⑲道元禪師語錄	心靈雅集編譯組	130元

⑳佛學經典指南	心靈雅集編譯組	130元
㉑何謂「生」 阿含經	心靈雅集編譯組	150元
㉒一切皆空 般若心經	心靈雅集編譯組	150元
㉓超越迷惘 法句經	心靈雅集編譯組	130元
㉔開拓宇宙觀 華嚴經	心靈雅集編譯組	130元
㉕真實之道 法華經	心靈雅集編譯組	130元
㉖自由自在 涅槃經	心靈雅集編譯組	130元
㉗沈默的教示 維摩經	心靈雅集編譯組	150元
㉘開通心眼 佛語佛戒	心靈雅集編譯組	130元
㉙揭秘寶庫 密教經典	心靈雅集編譯組	130元
㉚坐禪與養生	廖松濤譯	110元
㉛釋尊十戒	柯素娥編譯	120元
㉜佛法與神通	劉欣如編著	120元
㉝悟（正法眼藏的世界）	柯素娥編譯	120元
㉞只管打坐	劉欣如編著	120元
㉟喬答摩・佛陀傳	劉欣如編著	120元
㊱唐玄奘留學記	劉欣如編著	120元
㊲佛教的人生觀	劉欣如編譯	110元
㊳無門關（上卷）	心靈雅集編譯組	150元
㊴無門關（下卷）	心靈雅集編譯組	150元
㊵業的思想	劉欣如編著	130元
㊶佛法難學嗎	劉欣如著	140元
㊷佛法實用嗎	劉欣如著	140元
㊸佛法殊勝嗎	劉欣如著	140元
㊹因果報應法則	李常傳編	140元
㊺佛教醫學的奧秘	劉欣如編著	150元
㊻紅塵絕唱	海 若著	130元
㊼佛教生活風情	洪丕謨、姜玉珍著	220元
㊽行住坐臥有佛法	劉欣如著	160元
㊾起心動念是佛法	劉欣如著	160元
㊿四字禪語	曹洞宗青年會	200元
51妙法蓮華經	劉欣如編著	160元
52根本佛教與大乘佛教	葉作森編	180元

・經 營 管 理・電腦編號 01

◎創新經營六十六大計（精）	蔡弘文編	780元
①如何獲取生意情報	蘇燕謀譯	110元
②經濟常識問答	蘇燕謀譯	130元
④台灣商戰風雲錄	陳中雄著	120元
⑤推銷大王秘錄	原一平著	180元

⑥新創意・賺大錢	王家成譯	90元
⑦工廠管理新手法	琪　輝著	120元
⑨經營參謀	柯順隆譯	120元
⑩美國實業24小時	柯順隆譯	80元
⑪撼動人心的推銷法	原一平著	150元
⑫高竿經營法	蔡弘文編	120元
⑬如何掌握顧客	柯順隆譯	150元
⑭一等一賺錢策略	蔡弘文編	120元
⑯成功經營妙方	鐘文訓著	120元
⑰一流的管理	蔡弘文編	150元
⑱外國人看中韓經濟	劉華亭譯	150元
⑳突破商場人際學	林振輝編著	90元
㉑無中生有術	琪輝編著	140元
㉒如何使女人打開錢包	林振輝編著	100元
㉓操縱上司術	邑井操著	90元
㉔小公司經營策略	王嘉誠著	160元
㉕成功的會議技巧	鐘文訓編譯	100元
㉖新時代老闆學	黃柏松編著	100元
㉗如何創造商場智囊團	林振輝編譯	150元
㉘十分鐘推銷術	林振輝編譯	180元
㉙五分鐘育才	黃柏松編譯	100元
㉚成功商場戰術	陸明編譯	100元
㉛商場談話技巧	劉華亭編譯	120元
㉜企業帝王學	鐘文訓譯	90元
㉝自我經濟學	廖松濤編譯	100元
㉞一流的經營	陶田生編著	120元
㉟女性職員管理術	王昭國編譯	120元
㊱ＩＢＭ的人事管理	鐘文訓編譯	150元
㊲現代電腦常識	王昭國編譯	150元
㊳電腦管理的危機	鐘文訓編譯	120元
㊴如何發揮廣告效果	王昭國編譯	150元
㊵最新管理技巧	王昭國編譯	150元
㊶一流推銷術	廖松濤編譯	150元
㊷包裝與促銷技巧	王昭國編譯	130元
㊸企業王國指揮塔	松下幸之助著	120元
㊹企業精銳兵團	松下幸之助著	120元
㊺企業人事管理	松下幸之助著	100元
㊻華僑經商致富術	廖松濤編譯	130元
㊼豐田式銷售技巧	廖松濤編譯	180元
㊽如何掌握銷售技巧	王昭國編著	130元
㊿洞燭機先的經營	鐘文訓編譯	150元

㊾新世紀的服務業	鐘文訓編譯	100元
㊿成功的領導者	廖松濤編譯	120元
54女推銷員成功術	李玉瓊編譯	130元
55ＩＢＭ人才培育術	鐘文訓編譯	100元
56企業人自我突破法	黃琪輝編著	150元
58財富開發術	蔡弘文編著	130元
59成功的店舖設計	鐘文訓編著	150元
61企管回春法	蔡弘文編著	130元
62小企業經營指南	鐘文訓編譯	100元
63商場致勝名言	鐘文訓編譯	150元
64迎接商業新時代	廖松濤編譯	100元
66新手股票投資入門	何朝乾 編	180元
67上揚股與下跌股	何朝乾編譯	180元
68股票速成學	何朝乾編譯	200元
69理財與股票投資策略	黃俊豪編著	180元
70黃金投資策略	黃俊豪編著	180元
71厚黑管理學	廖松濤編譯	180元
72股市致勝格言	呂梅莎編譯	180元
73透視西武集團	林谷燁編譯	150元
76巡迴行銷術	陳蒼杰譯	150元
77推銷的魔術	王嘉誠譯	120元
78 60秒指導部屬	周蓮芬編譯	150元
79精銳女推銷員特訓	李玉瓊編譯	130元
80企劃、提案、報告圖表的技巧	鄭 汶 譯	180元
81海外不動產投資	許達守編譯	150元
82八百件的世界策略	李玉瓊譯	150元
83服務業品質管理	吳宜芬譯	180元
84零庫存銷售	黃東謙編譯	150元
85三分鐘推銷管理	劉名揚編譯	150元
86推銷大王奮鬥史	原一平著	150元
87豐田汽車的生產管理	林谷燁編譯	150元

・成功寶庫・電腦編號 02

①上班族交際術	江森滋著	100元
②拍馬屁訣竅	廖玉山編譯	110元
④聽話的藝術	歐陽輝編譯	110元
⑨求職轉業成功術	陳 義編著	110元
⑩上班族禮儀	廖玉山編著	120元
⑪接近心理學	李玉瓊編著	100元
⑫創造自信的新人生	廖松濤編著	120元

⑭上班族如何出人頭地	廖松濤編著	100元
⑮神奇瞬間瞑想法	廖松濤編譯	100元
⑯人生成功之鑰	楊意苓編著	150元
⑲給企業人的諍言	鐘文訓編著	120元
⑳企業家自律訓練法	陳　義編譯	100元
㉑上班族妖怪學	廖松濤編著	100元
㉒猶太人縱橫世界的奇蹟	孟佑政編著	110元
㉓訪問推銷術	黃静香編著	130元
㉕你是上班族中強者	嚴思圖編著	100元
㉖向失敗挑戰	黃静香編著	100元
㉙機智應對術	李玉瓊編著	130元
㉚成功頓悟100則	蕭京凌編譯	130元
㉛掌握好運100則	蕭京凌編譯	110元
㉜知性幽默	李玉瓊編譯	130元
㉝熟記對方絕招	黃静香編譯	100元
㉞男性成功秘訣	陳蒼杰編譯	130元
㊱業務員成功秘方	李玉瓊編著	120元
㊲察言觀色的技巧	劉華亭編著	130元
㊳一流領導力	施義彥編譯	120元
㊴一流說服力	李玉瓊編著	130元
㊵30秒鐘推銷術	廖松濤編譯	150元
㊶猶太成功商法	周蓮芬編譯	120元
㊷尖端時代行銷策略	陳蒼杰編著	100元
㊸顧客管理學	廖松濤編著	100元
㊹如何使對方說Yes	程　義編著	150元
㊺如何提高工作效率	劉華亭編著	150元
㊼上班族口才學	楊鴻儒譯	120元
㊽上班族新鮮人須知	程　義編著	120元
㊾如何左右逢源	程　義編著	130元
㊿語言的心理戰	多湖輝著	130元
51扣人心弦演說術	劉名揚編著	120元
53如何增進記憶力、集中力	廖松濤譯	130元
55性惡企業管理學	陳蒼杰譯	130元
56自我啟發200招	楊鴻儒編著	150元
57做個傑出女職員	劉名揚編著	130元
58靈活的集團營運術	楊鴻儒編著	120元
60個案研究活用法	楊鴻儒編著	130元
61企業教育訓練遊戲	楊鴻儒編著	120元
62管理者的智慧	程　義編譯	130元
63做個佼佼管理者	馬筱莉編譯	130元
64智慧型說話技巧	沈永嘉編譯	130元

⑯活用佛學於經營	松濤弘道著	150元
⑰活用禪學於企業	柯素娥編譯	130元
⑱詭辯的智慧	沈永嘉編譯	150元
⑲幽默詭辯術	廖玉山編譯	150元
⑳拿破崙智慧箴言	柯素娥編譯	130元
㉑自我培育・超越	蕭京凌編譯	150元
㉔時間即一切	沈永嘉編譯	130元
㉕自我脫胎換骨	柯素娥譯	150元
㉖贏在起跑點—人才培育鐵則	楊鴻儒編譯	150元
㉗做一枚活棋	李玉瓊編譯	130元
㉘面試成功戰略	柯素娥編譯	130元
㉙自我介紹與社交禮儀	柯素娥編譯	150元
㉚說NO的技巧	廖玉山編譯	130元
㉛瞬間攻破心防法	廖玉山編譯	120元
㉜改變一生的名言	李玉瓊編譯	130元
㉝性格性向創前程	楊鴻儒編譯	130元
㉞訪問行銷新竅門	廖玉山編譯	150元
㉟無所不達的推銷話術	李玉瓊編譯	150元

・處 世 智 慧・電腦編號 03

①如何改變你自己	陸明編譯	120元
④幽默說話術	林振輝編譯	120元
⑤讀書36計	黃柏松編譯	120元
⑥靈感成功術	譚繼山編譯	80元
⑧扭轉一生的五分鐘	黃柏松編譯	100元
⑨知人、知面、知其心	林振輝譯	110元
⑩現代人的詭計	林振輝譯	100元
⑫如何利用你的時間	蘇遠謀譯	80元
⑬口才必勝術	黃柏松編譯	120元
⑭女性的智慧	譚繼山編譯	90元
⑮如何突破孤獨	張文志編譯	80元
⑯人生的體驗	陸明編譯	80元
⑰微笑社交術	張芳明譯	90元
⑱幽默吹牛術	金子登著	90元
⑲攻心說服術	多湖輝著	100元
⑳當機立斷	陸明編譯	70元
㉑勝利者的戰略	宋恩臨編譯	80元
㉒如何交朋友	安紀芳編著	70元
㉓鬥智奇謀（諸葛孔明兵法）	陳炳崑著	70元
㉔慧心良言	亦　奇著	80元

㉕名家慧語	蔡逸鴻主編	90元
㉗稱霸者啟示金言	黃柏松編譯	90元
㉘如何發揮你的潛能	陸明編譯	90元
㉙女人身態語言學	李常傳譯	130元
㉚摸透女人心	張文志譯	90元
㉛現代戀愛秘訣	王家成譯	70元
㉜給女人的悄悄話	妮倩編譯	90元
㉞如何開拓快樂人生	陸明編譯	90元
㉟驚人時間活用法	鐘文訓譯	80元
㊱成功的捷徑	鐘文訓譯	70元
㊲幽默逗笑術	林振輝著	120元
㊳活用血型讀書法	陳炳崑譯	80元
㊴心　燈	葉于模著	100元
㊵當心受騙	林顯茂譯	90元
㊶心・體・命運	蘇燕謀譯	70元
㊷如何使頭腦更敏銳	陸明編譯	70元
㊸宮本武藏五輪書金言錄	宮本武藏著	100元
㊺勇者的智慧	黃柏松編譯	80元
㊼成熟的愛	林振輝譯	120元
㊽現代女性駕馭術	蔡德華著	90元
㊾禁忌遊戲	酒井潔著	90元
52摸透男人心	劉華亭編譯	80元
53如何達成願望	謝世輝著	90元
54創造奇蹟的「想念法」	謝世輝著	90元
55創造成功奇蹟	謝世輝著	90元
56男女幽默趣典	劉華亭譯	90元
57幻想與成功	廖松濤譯	80元
58反派角色的啟示	廖松濤編譯	70元
59現代女性須知	劉華亭編著	75元
61機智說話術	劉華亭編譯	100元
62如何突破內向	姜倩怡編譯	110元
64讀心術入門	王家成編譯	100元
65如何解除內心壓力	林美羽編著	110元
66取信於人的技巧	多湖輝著	110元
67如何培養堅強的自我	林美羽編著	90元
68自我能力的開拓	卓一凡編著	110元
70縱橫交涉術	嚴思圖編著	90元
71如何培養妳的魅力	劉文珊編著	90元
72魅力的力量	姜倩怡編著	90元
73金錢心理學	多湖輝著	100元
74語言的圈套	多湖輝著	110元

⑮個性膽怯者的成功術	廖松濤編譯	100元
⑯人性的光輝	文可式編著	90元
⑲培養靈敏頭腦秘訣	廖玉山編著	90元
⑳夜晚心理術	鄭秀美編譯	80元
㉑如何做個成熟的女性	李玉瓊編著	80元
㉒現代女性成功術	劉文珊編著	90元
㉓成功說話技巧	梁惠珠編譯	100元
㉔人生的真諦	鐘文訓編譯	100元
㉕妳是人見人愛的女孩	廖松濤編著	120元
㉗指尖・頭腦體操	蕭京凌編譯	90元
㉘電話應對禮儀	蕭京凌編著	120元
㉙自我表現的威力	廖松濤編譯	100元
㉚名人名語啟示錄	喬家楓編著	100元
㉛男與女的哲思	程鐘梅編譯	110元
㉜靈思慧語	牧　風著	110元
㉝心靈夜語	牧　風著	100元
㉞激盪腦力訓練	廖松濤編譯	100元
㉟三分鐘頭腦活性法	廖玉山編譯	110元
㊱星期一的智慧	廖玉山編譯	100元
㊲溝通說服術	賴文琇編譯	100元
㊳超速讀超記憶法	廖松濤編譯	140元

・健康與美容・電腦編號 04

①B型肝炎預防與治療	曾慧琪譯	130元
③媚酒傳（中國王朝秘酒）	陸明主編	120元
④藥酒與健康果菜汁	成玉主編	150元
⑤中國回春健康術	蔡一藩著	100元
⑥奇蹟的斷食療法	蘇燕謀譯	110元
⑧健美食物法	陳炳崑譯	120元
⑨驚異的漢方療法	唐龍編著	90元
⑩不老強精食	唐龍編著	100元
⑫五分鐘跳繩健身法	蘇明達譯	100元
⑬睡眠健康法	王家成譯	80元
⑭你就是名醫	張芳明譯	90元
⑮如何保護你的眼睛	蘇燕謀譯	70元
⑲釋迦長壽健康法	譚繼山譯	90元
⑳腳部按摩健康法	譚繼山譯	120元
㉑自律健康法	蘇明達譯	90元
㉓身心保健座右銘	張仁福著	160元
㉔腦中風家庭看護與運動治療	林振輝譯	100元

㉕秘傳醫學人相術	成玉主編	120元
㉖導引術入門(1)治療慢性病	成玉主編	110元
㉗導引術入門(2)健康・美容	成玉主編	110元
㉘導引術入門(3)身心健康法	成玉主編	110元
㉙妙用靈藥・蘆薈	李常傳譯	150元
㉚萬病回春百科	吳通華著	150元
㉛初次懷孕的10個月	成玉編譯	130元
㉜中國秘傳氣功治百病	陳炳崑編譯	130元
㉟仙人長生不老學	陸明編譯	100元
㊱釋迦秘傳米粒刺激法	鐘文訓譯	120元
㊲痔・治療與預防	陸明編譯	130元
㊳自我防身絕技	陳炳崑編譯	120元
㊴運動不足時疲勞消除法	廖松濤譯	110元
㊵三溫暖健康法	鐘文訓編譯	90元
㊸維他命與健康	鐘文訓譯	150元
㊺森林浴—綠的健康法	劉華亭編譯	80元
㊼導引術入門(4)酒浴健康法	成玉主編	90元
㊽導引術入門(5)不老回春法	成玉主編	90元
㊾山白竹（劍竹）健康法	鐘文訓譯	90元
㊿解救你的心臟	鐘文訓編譯	100元
51牙齒保健法	廖玉山譯	90元
52超人氣功法	陸明編譯	110元
54借力的奇蹟(1)	力拔山著	100元
55借力的奇蹟(2)	力拔山著	100元
56五分鐘小睡健康法	呂添發撰	120元
57禿髮、白髮預防與治療	陳炳崑撰	120元
59艾草健康法	張汝明編譯	90元
60一分鐘健康診斷	蕭京凌編譯	90元
61念術入門	黃靜香編譯	90元
62念術健康法	黃靜香編譯	90元
63健身回春法	梁惠珠編譯	100元
64姿勢養生法	黃秀娟編譯	90元
65仙人瞑想法	鐘文訓譯	120元
66人蔘的神效	林慶旺譯	100元
67奇穴治百病	吳通華著	120元
68中國傳統健康法	靳海東著	100元
69下半身減肥法	納他夏・史達賓著	110元
70使妳的肌膚更亮麗	楊　皓編譯	100元
71酵素健康法	楊　皓編譯	120元
73腰痛預防與治療	五味雅吉著	100元
74如何預防心臟病・腦中風	譚定長等著	100元

⑮少女的生理秘密	蕭京凌譯	120元
⑯頭部按摩與針灸	楊鴻儒譯	100元
⑰雙極療術入門	林聖道著	100元
⑱氣功自療法	梁景蓮著	120元
⑲大蒜健康法	李玉瓊編譯	100元
㉛健胸美容秘訣	黃靜香譯	120元
㉜鍺奇蹟療效	林宏儒譯	120元
㉝三分鐘健身運動	廖玉山譯	120元
㉞尿療法的奇蹟	廖玉山譯	120元
㉟神奇的聚積療法	廖玉山譯	120元
㊱預防運動傷害伸展體操	楊鴻儒編譯	120元
㊳五日就能改變你	柯素娥譯	110元
㊴三分鐘氣功健康法	陳美華譯	120元
㊵痛風劇痛消除法	余昇凌譯	120元
㊶道家氣功術	早島正雄著	130元
㊷氣功減肥術	早島正雄著	120元
㊸超能力氣功法	柯素娥譯	130元
㊹氣的瞑想法	早島正雄著	120元

•家庭／生活•電腦編號 05

①單身女郎生活經驗談	廖玉山編著	100元
②血型•人際關係	黃靜編著	120元
③血型•妻子	黃靜編著	110元
④血型•丈夫	廖玉山編譯	130元
⑤血型•升學考試	沈永嘉編譯	120元
⑥血型•臉型•愛情	鐘文訓編譯	120元
⑦現代社交須知	廖松濤編譯	100元
⑧簡易家庭按摩	鐘文訓編譯	150元
⑨圖解家庭看護	廖玉山編譯	120元
⑩生男育女隨心所欲	岡正基編著	160元
⑪家庭急救治療法	鐘文訓編著	100元
⑫新孕婦體操	林曉鐘譯	120元
⑬從食物改變個性	廖玉山編譯	100元
⑭藥草的自然療法	東城百合子著	200元
⑮糙米菜食與健康料理	東城百合子著	180元
⑯現代人的婚姻危機	黃　靜編著	90元
⑰親子遊戲　0歲	林慶旺編譯	100元
⑱親子遊戲　1～2歲	林慶旺編譯	110元
⑲親子遊戲　3歲	林慶旺編譯	100元
⑳女性醫學新知	林曉鐘編譯	130元

㉑媽媽與嬰兒	張汝明編譯	180元
㉒生活智慧百科	黃　靜編譯	100元
㉓手相・健康・你	林曉鐘編譯	120元
㉔菜食與健康	張汝明編譯	110元
㉕家庭素食料理	陳東達著	140元
㉖性能力活用秘法	米開・尼里著	150元
㉗兩性之間	林慶旺編譯	120元
㉘性感經穴健康法	蕭京凌編譯	150元
㉙幼兒推拿健康法	蕭京凌編譯	100元
㉚談中國料理	丁秀山編著	100元
㉛舌技入門	增田豐　著	160元
㉜預防癌症的飲食法	黃静香編譯	150元
㉝性與健康寶典	黃静香編譯	180元
㉞正確避孕法	蕭京凌編譯	130元
㉟吃的更漂亮美容食譜	楊萬里著	120元
㊱圖解交際舞速成	鐘文訓編譯	150元
㊲觀相導引術	沈永嘉譯	130元
㊳初為人母12個月	陳義譯	180元
㊴圖解麻將入門	顧安行編譯	160元
㊵麻將必勝秘訣	石利夫編譯	160元
㊶女性一生與漢方	蕭京凌編譯	100元
㊷家電的使用與修護	鐘文訓編譯	160元
㊸錯誤的家庭醫療法	鐘文訓編譯	100元
㊹簡易防身術	陳慧珍編譯	130元
㊺茶健康法	鐘文訓編譯	130元
㊻雞尾酒大全	劉雪卿譯	180元
㊼生活的藝術	沈永嘉編著	120元
㊽雜草雜果健康法	沈永嘉編著	120元
㊾如何選擇理想妻子	荒谷慈著	110元
㊿如何選擇理想丈夫	荒谷慈著	110元
51中國食與性的智慧	根本光人著	150元
52開運法話	陳宏男譯	100元
53禪語經典＜上＞	平田精耕著	150元
54禪語經典＜下＞	平田精耕著	150元
55手掌按摩健康法	鐘文訓譯	180元
56腳底按摩健康法	鐘文訓譯	150元
57仙道運氣健身法	高藤聰一郎著	150元
58健心、健體呼吸法	蕭京凌譯	120元
59自彊術入門	蕭京凌譯	120元
60指技入門	增田豐著	160元
61下半身鍛鍊法	增田豐著	180元

⑥②表象式學舞法	黃靜香編譯	180元
⑥③圖解家庭瑜伽	鐘文訓譯	130元
⑥④食物治療寶典	黃靜香編譯	130元
⑥⑤智障兒保育入門	楊鴻儒譯	130元
⑥⑥自閉兒童指導入門	楊鴻儒譯	180元
⑥⑦乳癌發現與治療	黃靜香譯	130元
⑥⑧盆栽培養與欣賞	廖啟新編譯	180元
⑥⑨世界手語入門	蕭京凌編譯	180元
⑦⓪賽馬必勝法	李錦雀編譯	200元
⑦①中藥健康粥	蕭京凌編譯	120元
⑦②健康食品指南	劉文珊編譯	130元
⑦③健康長壽飲食法	鐘文訓編譯	150元
⑦④夜生活規則	增田豐著	160元
⑦⑤自製家庭食品	鐘文訓編譯	200元
⑦⑥仙道帝王招財術	廖玉山譯	130元
⑦⑦「氣」的蓄財術	劉名揚譯	130元
⑦⑧佛教健康法入門	劉名揚譯	130元
⑦⑨男女健康醫學	郭汝蘭譯	150元
⑧⓪成功的果樹培育法	張煌編譯	130元
⑧①實用家庭菜園	孔翔儀編譯	130元
⑧②氣與中國飲食法	柯素娥編譯	130元
⑧③世界生活趣譚	林其英著	160元
⑧④胎教二八〇天	鄭淑美譯	180元
⑧⑤酒自己動手釀	柯素娥編著	160元
⑧⑥自己動「手」健康法	手嶋曻著	160元
⑧⑦香味活用法	森田洋子著	160元
⑧⑧寰宇趣聞搜奇	林其英著	200元

•命理與預言• 電腦編號06

①星座算命術	張文志譯	120元
②中國式面相學入門	蕭京凌編著	180元
③圖解命運學	陸明編著	200元
④中國秘傳面相術	陳炳崑編著	110元
⑤輪迴法則（生命轉生的秘密）	五島勉著	80元
⑥命名彙典	水雲居士編著	180元
⑦簡明紫微斗術命運學	唐龍編著	130元
⑧住宅風水吉凶判斷法	琪輝編譯	180元
⑨鬼谷算命秘術	鬼谷子著	150元
⑩密教開運咒法	中岡俊哉著	250元
⑪女性星魂術	岩滿羅門著	200元

⑫簡明四柱推命學	李常傳編譯	150元
⑬手相鑑定奧秘	高山東明著	200元
⑭簡易精確手相	高山東明著	200元
⑮啟示錄中的世界末日	蘇燕謀編譯	80元
⑯女巫的咒法	柯素娥譯	230元
⑰指紋算命學	邱夢蕾譯	90元
⑱樸克牌占卜入門	王家成譯	100元
⑲A血型與十二生肖	鄒雲英編譯	90元
⑳B血型與十二生肖	鄒雲英編譯	90元
㉑O血型與十二生肖	鄒雲英編譯	100元
㉒AB血型與十二生肖	鄒雲英編譯	90元
㉓筆跡占卜學	周子敬著	220元
㉔神秘消失的人類	林達中譯	80元
㉕世界之謎與怪談	陳炳崑譯	80元
㉖符咒術入門	柳玉山人編	150元
㉗神奇的白符咒	柳玉山人編	160元
㉘神奇的紫符咒	柳玉山人編	200元
㉙秘咒魔法開運術	吳慧鈴編譯	180元
㉚諾米空秘咒法	馬克・矢崎著	220元
㉛改變命運的手相術	鐘文訓編著	120元
㉜黃帝手相占術	鮑黎明著	230元
㉝惡魔的咒法	杜美芳譯	230元
㉞脚相開運術	王瑞禎譯	130元
㉟面相開運術	許麗玲譯	150元
㊱房屋風水與運勢	邱震睿編譯	160元
㊲商店風水與運勢	邱震睿編譯	200元
㊳諸葛流天文遁甲	巫立華譯	150元
㊴聖帝五龍占術	廖玉山譯	180元
㊵萬能神算	張助馨編著	120元
㊶神祕的前世占卜	劉名揚譯	150元
㊷諸葛流奇門遁甲	巫立華譯	150元
㊸諸葛流四柱推命	巫立華譯	180元
㊹室內擺設創好運	小林祥晃著	200元
㊺室內裝潢開運法	小林祥晃著	230元
㊻新・大開運吉方位	小林祥晃著	200元
㊼風水的奧義	小林祥晃著	200元

・教 養 特 輯・電腦編號 07

①管教子女絕招	多湖輝著	70元
⑤如何教育幼兒	林振輝譯	80元

⑥看圖學英文	陳炳崑編著	90元
⑦關心孩子的眼睛	陸明編	70元
⑧如何生育優秀下一代	邱夢蕾編著	100元
⑩現代育兒指南	劉華亭編譯	90元
⑫如何培養自立的下一代	黃静香編譯	80元
⑭教養孩子的母親暗示法	多湖輝著	90元
⑮奇蹟教養法	鐘文訓編譯	90元
⑯慈父嚴母的時代	多湖輝著	90元
⑰如何發現問題兒童的才智	林慶旺譯	100元
⑱再見！夜尿症	黃静香編譯	90元
⑲育兒新智慧	黃静編譯	90元
⑳長子培育術	劉華亭編譯	80元
㉑親子運動遊戲	蕭京凌編譯	90元
㉒一分鐘刺激會話法	鐘文訓編著	90元
㉓啟發孩子讀書的興趣	李玉瓊編著	100元
㉔如何使孩子更聰明	黃静編著	100元
㉕３・４歲育兒寶典	黃静香編譯	100元
㉖一對一教育法	林振輝編譯	100元
㉗母親的七大過失	鐘文訓編譯	100元
㉘幼兒才能開發測驗	蕭京凌編譯	100元
㉙教養孩子的智慧之眼	黃静香編譯	100元
㉚如何創造天才兒童	林振輝編譯	90元
㉛如何使孩子數學滿點	林明嬋編著	100元

・消 遣 特 輯・電腦編號 08

①小動物飼養秘訣	徐道政譯	120元
②狗的飼養與訓練	張文志譯	130元
③四季釣魚法	釣朋會編	120元
④鴿的飼養與訓練	林振輝譯	120元
⑤金魚飼養法	鐘文訓編譯	130元
⑥熱帶魚飼養法	鐘文訓編譯	180元
⑧妙事多多	金家驊編譯	80元
⑨有趣的性知識	蘇燕謀編譯	100元
⑩圖解攝影技巧	譚繼山編譯	220元
⑪100種小鳥養育法	譚繼山編譯	200元
⑫樸克牌遊戲與贏牌秘訣	林振輝編譯	120元
⑬遊戲與餘興節目	廖松濤編著	100元
⑭樸克牌魔術・算命・遊戲	林振輝編譯	100元
⑯世界怪動物之謎	王家成譯	90元
⑰有趣智商測驗	譚繼山譯	120元

國家圖書館出版品預行編目資料

須彌山與極樂世界/定方晟著；劉欣如譯，
—— 初版，—— 臺北市，大展，民85
面；　　公分，——（心靈雅集；54）
譯自：須彌山と極樂
ISBN 957-557-640-3（平裝）
1. 宇宙論（佛教）　2. 輪廻

220.137　　　　85010477

SHUMISEN TO GOKURAKU-Bukkyō no Uchū-kan by Akira Sadakata

Original Japanese edition published by Kodansha Ltd.
Chinese translation rights arranged with Kodansha Ltd.
through Japan Foreign－Rights Centre/Hongzu Enterprise Co., Ltd.

須彌山與極樂世界　　ISBN 957-557-640-3

原著者/定　方　晟
編譯者/劉　欣　如
發行人/蔡　森　明
出版者/大展出版社有限公司
社　址/台北市北投區（石牌）
致遠一路2段12巷1號
電　話/（02）8236031·8236033
傳　真/（02）8272069
郵政劃撥/0166955-1
登記證/局版臺業字第2171號

承印者/高星企業有限公司
裝　訂/日新裝訂所
排版者/弘益電腦排版有限公司
電　話/（02）5611592
初　版/1996年（民85年）10月
定　價/180元

大展好書 好書大展

大展好書 好書大展